isasaweis

COME GENIAL

Y NO HAGAS DIETA NUNCA MÁS

Las recetas con las que perdí 20 kg para siempre

Planeta

Este libro tan especial está dedicado
¡a todos mis piñones-pibones ❤!

A los que me acompañáis
desde hace tanto tiempo ya (¡Gracias! ❤)

y a los que os unís a nosotros
desde hoy (¡Bienvenidos! ❤)

¡Bienvenido a tu nueva vida!

Si tienes este libro entre tus manos, probablemente sea porque te has cansado de probar dietas, consejos, recomendaciones y hasta alguna que otra idea peregrina para perder peso, ponerte en forma y llevar una vida saludable. Seguramente, muchas veces te ha faltado la motivación y hayas llegado a pensar que no vas a ser capaz de conseguirlo. Déjame decirte dos cosas:

La primera, ¡quiero darte la bienvenida! La lucha por tener una relación sana con la comida e incorporar el deporte a tu vida de una vez por todas no es una batalla que libras en soledad. Son muchas las personas que comparten este deseo. Precisamente porque yo fui una de ellas he escrito este libro.

La segunda, tú puedes hacerlo igual que lo hice yo, que también estuve desmotivada y creí que nunca lo conseguiría. Te digo más, no es que puedas, es que ¡acabas de dar el primer paso para conseguirlo!

Yo era una niña delgada, comía todo lo que mi madre cocinaba, jugaba con mis amigos, hacía deporte por divertirme y, de vez en cuando, asaltaba el kiosco y disfrutaba de una tarde de chucherías sin pensar en ningún momento ni en las calorías ni en cómo iba a afectar eso a mi peso.

Las cosas cambiaron sobre los dieciocho años. Es curioso, pero recuerdo exactamente cuándo fue la primera vez que pensé que tal vez debía perder peso. Un verano, al llegar a mi pueblo y reencontrarnos con todos los amigos después de muchos meses, uno de ellos me dijo (sin maldad ninguna): «Isa, ¡te has puesto de buen año!».

Días después, el grupo de amigas fuimos a casa de una de las chicas a probarnos la ropa que solíamos intercambiarnos y, al sacar sus vaqueros, fui la única que no pudo ponérselos. «Ah, es que llevas una 33 y yo una 29», me dijo. Os juro que, hasta aquel día, jamás había pensado si la talla de mi ropa era grande o pequeña y, mucho menos, si era mayor o menor que la de las otras chicas. Sin embargo, algo cambió en mí aquel verano, porque al volver a casa decidí empezar una dieta. Y ese fue el comienzo de los muchos años de restricciones y preocupaciones vinculadas a la alimentación que vinieron después.

Algo cambió en mí aquel verano, porque al volver a casa decidí empezar una dieta. ***Y ese fue el comienzo de los muchos años de restricciones y preocupaciones vinculadas a la alimentación*** *que vinieron después.*

Hice todas las dietas habidas y por haber: la del melocotón y la pechuga de pollo, la de la sopa mágica, la disociada, la de nada de proteínas o la de todas las proteínas del mundo... y alguna que otra que llevaba el nombre de un médico o de una clínica famosa. Con unas perdí poco peso, con otras bastante, pero el camino era siempre el mismo y el resultado final también.

El camino: alimentos prohibidos, combinaciones imposibles, cantidades minúsculas, hambre, tristeza, agobio... El resultado final: perdiera el peso que perdiera, en cuanto dejaba la dieta comenzaba a recuperarlo de nuevo hasta volver a estar como al principio o aún peor, con el consiguiente desánimo, frustración y pérdida de fuerza y autoestima que me minaban las ganas de volver a intentarlo. Tiempo después, algún día me veía realmente mal y decidía volver a empezar con la dieta y, así, caía una y otra vez en la famosa espiral que, estoy segura, te está resultando muy familiar...

¿Por qué ocurría esto? Pues porque el concepto era equivocado. Hacía una dieta en la que seguía una serie de reglas temporales para

Hacía una dieta en la que seguía una serie de reglas temporales para conseguir mi objetivo, *a sabiendas de que, una vez alcanzado, las abandonaría.*

Sumario

Aviso al lector

El objetivo de este libro es apoyar y animar a todo el que quiera llevar un estilo de vida más saludable a través del ejemplo de la autora, que no es profesional de la salud, y con el único ánimo de ayudar.

Para cualquier consulta dirígete a tu médico o al profesional correspondiente.

conseguir mi objetivo, a sabiendas de que, una vez alcanzado, las abandonaría porque ni podía ni quería mantener de por vida aquellas imposiciones que no me permitían llevar una vida normal, disfrutar de una comida familiar, salir con los amigos o acudir a una fiesta de cumpleaños sin pensar en si habría algo que pudiera comer...

Por otro lado, el campo de la nutrición siempre me interesó. Aunque no cursé estudios reglados, leía todo lo que podía al respecto: informes, libros, nuevas investigaciones... Y hasta hice algún curso por el mero afán de aprender sobre el tema. Cierto día, cambié el chip y me dije: «¿Por qué no te dejas de dietas de moda y te aplicas lo que has aprendido a lo largo de todos estos años?». La verdad es que tuve que hacer un trabajo de fe importante, porque cada dieta que había seguido había grabado en mí algún miedo. Arrastraba la prohibición de algunos alimentos, de ciertas formas de cocinarlos, combinaciones vetadas y horas a partir de las cuales no podía ingerir nada.

Aprender a comer bien para poder llevar una vida sana y feliz para siempre. *Suena bien, ¿verdad? Pues es posible.*

Ahora, quiero pedirte que pares un momento y respondas: ¿cuántos de esos miedos arrastras tú? Si has hecho más de una dieta, seguro que acierto alguno: la patata engorda mucho; evita la zanahoria cocida, que tiene el IG muy alto; el plátano y las uvas están prohibidos; el pan, ni tocarlo, sobre todo el blanco; no comas nada al menos dos horas antes de acostarte; por la noche, nada de hidratos ni de fruta; ¡ah! y ni se te ocurra comer fruta de postre. Yo las he llevado todas a rajatabla y ¿sabes qué? Lo único que conseguí fue que la alimentación, más que un placer maravilloso del que disfrutar y una fantástica fuente de energía, se convirtiera en una gran preocupación.

A día de hoy tengo muy buena salud y un peso adecuado que apenas varía desde hace mucho tiempo. Salgo a comer con los amigos, me reúno con la familia, voy a fiestas, bodas y eventos, y como siempre lo que hay. Pero, lo más importante, lo hago disfrutando, sin ningún tipo de cargo de conciencia porque ni siquiera me preocupa saber el menú, ya que puedo comer de todo.

Y esto es gracias a un cambio de concepto: aprender a comer bien para poder llevar una vida sana y feliz para siempre. Suena bien, ¿verdad? Pues es posible. Solo tienes que proponerte dejar aquí y ahora todas esas creencias absurdas que te han limitado durante tanto tiempo y, créeme, desde hoy, nada volverá a ser igual.

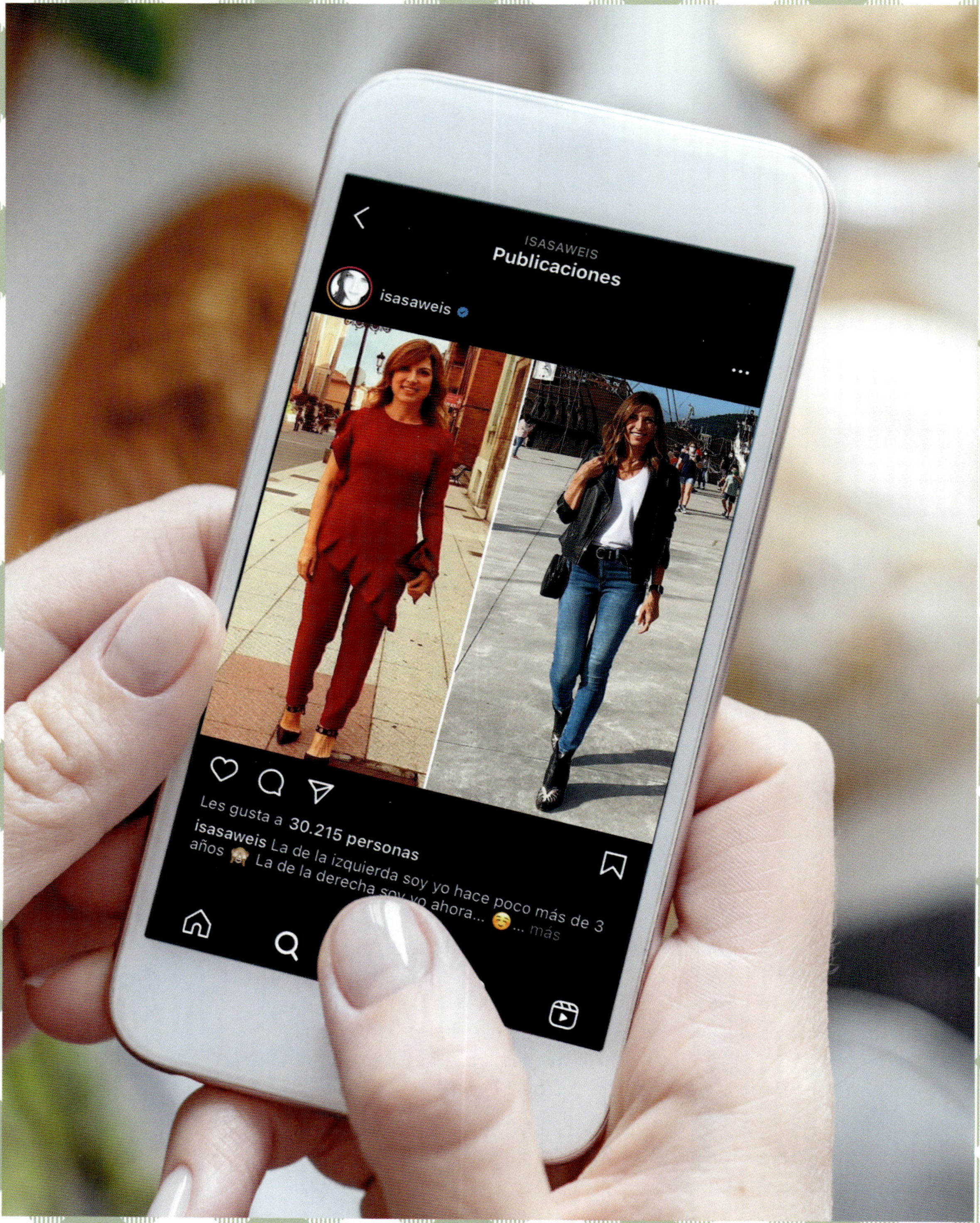
ISASAWEIS
Publicaciones
isasaweis
Les gusta a 30.215 personas
isasaweis La de la izquierda soy yo hace poco más de 3 años
La de la derecha soy yo ahora...
... más

El antes y el después

Como bien es cierto que una imagen vale más que mil palabras..., esta era yo antes y esta soy yo ahora.

Lo primero que se aprecia es que he perdido peso. Sí, como resultado de dejar todas esas creencias absurdas y restricciones en la alimentación y comenzar a cuidarme de una forma tranquila y consciente, fui bajando de peso. El deporte me ayudó a hacerlo correctamente, de modo que, además de perder grasa, fui ganando masa muscular y mi cuerpo se fue moldeando poco a poco. Porque no se trata de conseguir un cuerpo delgado, sino uno saludable, fuerte y que te permita ser feliz.

Y es que el cambio va mucho más allá del peso... Fíjate en las fotos. He seleccionado estas para ilustrarlo, pero en mis redes sociales encontrarás muchas más. Si observas bien, dicen lo mismo: sin darme casi cuenta fui cambiando de forma de vestir, de actitud... Fui ganando tranquilidad primero, seguridad en segundo lugar y, finalmente, mucha fuerza. Si hasta mi sonrisa y el brillo de mis ojos ahora ¡dicen otra cosa! ¿Lo ves?

Pues todo eso no lo da el pesar X kilos más o menos, lo da el haberlo hecho como yo lo he hecho y como voy a hacer que tú lo consigas conmigo.

¿Estás listo? ¡Hoy empieza tu nueva vida!

Voy a contarte tus nuevos «*ya no*»:

Ya no vas a contar calorías: ¡la comida es mucho más que eso! Lo que importa son los nutrientes, lo que nos alimenta. Si bien es cierto que debemos gastar más calorías de las que consumimos, no es necesario contarlas, lo harás de forma natural.

Ya no vas a pesar comidas: las cantidades que comas las vas a decidir tú porque aprenderás a hacerlo de una forma sensata.

Ya no vas a preguntarte si «puedo o no puedo comer esto»: porque la respuesta es sí. Siempre puedes.

Ya no vas a pesarte cada mañana: el peso es una medida absurda, no indica tus avances. El músculo pesa más que la grasa, por lo que puedes estar perdiendo volumen, ganando masa muscular, teniendo un cuerpo mucho más sano y torneado y la báscula te está engañando. Así que hazte el favor de no boicotearte pesándote todos los días.

Ya no comerás por ansiedad o agobio por la comida: porque al relajarte respecto a ella, al dejar de prohibirte cosas, esa sensación de querer comértelo todo desaparecerá.

Ya no vas a culparte por haber comido de más un día: lo primero, porque ¿qué es un día en toda una vida? Y lo segundo, porque eso es precisamente lo que vas a conseguir, poder ir tranquilamente a una boda, un día de tapas con los amigos o a una comida familiar y disfrutar como lo hace todo el mundo.

Ya no vas a restringirte al día siguiente por haberlo hecho: simplemente continuarás haciéndolo bien y ¡aquí no ha pasado nada! El cuerpo es muy listo y en cuanto empieza a funcionar bien, el peso que coge rápido por un exceso, lo suelta igual de rápido. Y como no vas a pesarte, ni te vas a enterar.

Ya no vas a dejar de ir a ningún sitio: consecuencia de lo anterior, ¡las salidas, las fiestas y los eventos serán bienvenidos de nuevo a tu vida!

Ya no temerás a las vacaciones o las Navidades: porque estas fiestas están para disfrutarlas, te las has merecido y, a la vuelta, tenemos un plan exprés para ayudarte a reiniciar, que os voy a contar más adelante en el libro.

Ya no vas a ponerte excusas para hacer ejercicio: lo incluirás en tu rutina como una cosa más a hacer, igual que no te planteas cada mañana si vas a trabajar y, dentro de muy poco, será un tiempo para ti, un tiempo que disfrutarás y que te hará sentir de maravilla.

Ya no vas a hablarte mal: porque estás haciéndolo bien, estás en el camino que quieres y estás consiguiendo una de las cosas más importante que vas a hacer en tu vida: quererte y cuidarte.

Si tienes más «*ya no*» que quieras incluir aquí, hazlo libremente, porque vas a dejar todos y cada uno de los que te han acompañado tanto tiempo. ¿Ya sientes la libertad? ¡Pues esto solo es el principio!

¿Confías en mí? ¿Tenemos trato, entonces?
¡Te aseguro que merecerá la pena!

Los 10 mandamientos

¡Vamos al lío! Aquí te voy a dejar las diez reglas que te servirán de referencia para incorporar a tu vida, de una vez por todas, una rutina que te permita estar sano y feliz.

No te preocupes, vas a poder cumplir con todas. Son mucho menos estrictas que las reglas a las que, probablemente, estés acostumbrado. Ahora bien, según los hábitos que tengas actualmente, van a costarte un poco más o menos. Pero vas a poner todo tu empeño porque sabes que va a merecer mucho la pena. Además, la recompensa a un trabajo es infinitamente más satisfactoria cuando hemos llegado a ella a través de nuestro esfuerzo.

No lo olvides..., ¡te vas a sentir muuuy orgulloso de ti!

1. Vas a comer de todo

Y cuando digo «de todo» me refiero a comida de verdad, obviamente. También habrá tiempo para el resto, pero tu alimentación ha de ser sana y variada. Nada de quitarse un grupo de alimentos (acuérdate de que has hecho esta promesa antes de empezar).

Has de comer proteínas para formar tus músculos. Pescado, marisco, pollo, huevos, legumbres... en una cantidad adecuada que te explico en el siguiente punto. Por supuesto, necesitarás hidratos de carbono en todas sus formas porque son los que te darán la energía que necesitas. Comerás frutas y verduras, y también cereales, legumbres y hortalizas. Y por último, y es muy importante recalcar esto, has de comer grasas. Las grasas son necesarias para que nuestro cuerpo funcione correctamente y, ¡oh, sorpresa!, han sido demonizadas durante muchos años, pero son indispensables para que podamos perder peso. Formarán parte de tu alimentación, por tanto, los pescados azules, el aguacate, los frutos secos y el aceite de oliva virgen extra.

*En la sección de **«La comida a lo largo de la semana»** te voy a dejar una lista enorme de alimentos para que llenes tu nueva y maravillosa despensa a tu gusto.*

En la sección «La comida a lo largo de la semana» te voy a dejar una lista enorme de alimentos para que llenes tu nueva y maravillosa despensa a tu gusto.

2. Proporciones y raciones. ¡la clave del éxito!

Y es que, efectivamente, lo son. Ya te dije que ibas a tener que poner de tu parte y es aquí donde vas a hacerlo. Pero te aseguro que el esfuerzo será solo los primeros días, porque tu cuerpo pronto se adaptará y conseguirás sentirte satisfecho pero con más energía, más fuerte, sano y feliz que nunca.

La razón fundamental por la que no perdemos peso es muy sencilla: le damos al cuerpo más energía de la que gastamos. Así que vamos a cambiar eso pero sin volvernos locos: no hace falta que te pongas a contar calorías, ni que peses la comida ni nada parecido. Yo no lo he hecho en absoluto, es más, he tenido mucha manga ancha, y ya sabes que los resultados que he obtenido han sido fantásticos.

Solo te voy a dar tres pautas que te van a servir para orientarte al principio:

- Para la cantidad de proteínas en la comida y en la cena, guíate por el tamaño y el grosor de la palma de tu mano. De modo que tomaremos dos o tres filetes finos de pollo, un filete grande de ternera, una rodaja grande de salmón, dos huevos...

- Para la pasta, el pan, las patatas o el arroz, en la comida y en la cena, guíate por tu puño cerrado. Ese es el volumen aproximado que deben ocupar en tu plato.

- Para las grasas, una pequeña cantidad: una o dos cucharadas de aceite de oliva virgen extra, un puñadito de frutos secos, medio aguacate, un trozo de queso...

Recuerda, en todo caso, que esto es solo una guía para ayudarte al principio si estás muy perdido. Si tu ración de proteínas es mayor un día o cuatro, o la de hidratos es el doble algunas veces, ¡no pasa absolutamente nada!

Fácil, ¿no? Pero sigue leyendo, que hay más buenas noticias.

3. Azúcar y procesados malos, ¡fuera!

Con esto me refiero a eliminarlos de tu día a día, no a desterrarlos para siempre, que no hay que ser dramáticos... Es cierto que el azúcar, los productos refinados y los procesados, como mucha de la comida preparada o la bollería industrial, nos aportan muy poco o nada nutricionalmente y están cargados de ingredientes que no son en absoluto beneficiosos. Por tanto, procuraremos mantenerlos alejados de nuestra despensa. Muy sencillo: no los compres y así no tendrás al enemigo en casa diciéndote «¡cómeme, cómeme!».

Para mantener estos nuevos hábitos que estás creando es fundamental que te gusten, *si no, volverás a la rueda de siempre.*

Aunque aquí quiero recalcar algo muy importante: si, por ejemplo, ya has dado una oportunidad al pan o la pasta integrales y si siguen sin agradarte, no pasa nada, come pan y pasta blancos. Para mantener estos nuevos hábitos que estás creando es fundamental que te gusten, si no, volverás a la rueda de siempre.

Se trata de disfrutar comiendo, así que, ***si no te gusta alguna verdura en concreto, no la comas,*** *no hay ningún problema.*

4. ¡Frutas y verduras libres!

¡Empiezan las buenas noticias! Llena tu plato todo lo que quieras con frutas y verduras, sobre todo, con verduras. Y antes de que me digas que no te gustan, te recuerdo que has confiado en mí y te aseguro que las recetas que he preparado para este libro van a hacer que te gusten ¡y mucho! Por supuesto, no tienen por qué agradarnos todas las verduras, pero he aquí otra buena noticia: ¡come las que tú quieras y preparadas como más te apetezcan! Solo procura que en tu alimentación haya verduras de diferentes colores para que te aporten todo tipo de nutrientes. Pero se trata de disfrutar comiendo, así que, si no te gusta alguna en concreto, no la comas, no hay ningún problema.

Te prometo que comiendo lo suficiente ***vas a obtener mejores resultados y, lo más importante, los podrás conservar para siempre.***

5. No te quedes con hambre nunca

Quiero decir con hambre de verdad. No es bueno ni para tu salud ni para tu cabeza, así que no lo hagas. Es más, restringirse demasiado o comer de menos te aleja de tu objetivo. Si pretendes perder peso y mantenerlo, estar sano, tener menos grasa y más músculo, tienes que darle a tu cuerpo suficientes calorías y nutrientes para que se construya y se mantenga. Nada de comer una pechuga a la plancha y cuatro hojas de lechuga, ¡olvídate de eso! Te prometo que comiendo lo suficiente vas a obtener mejores resultados y, lo que es más importante, los podrás conservar para siempre.

6. Bebe agua

Es fundamental beber agua para el correcto funcionamiento del organismo y el buen estado de la piel. Además, si nos falta agua, a menudo creemos que tenemos hambre, cuando en realidad tenemos sed. Mi truco: bebo un gran vaso de agua nada más levantarme y, a partir de ahí, cada vez que voy al baño, bebo otro. También dejo en la cocina y en el despacho siempre un vaso lleno. Por el solo hecho de estar ahí, a veces, sin más, lo veo y lo bebo.

7. Vas a hacer ejercicio de dos tipos: cardio y fuerza

El deporte es importantísimo, no solo para perder peso, sino para mantener tu cuerpo fuerte y sano, tu mente clara y un estado de ánimo estupendo. Además, es muy importante mantenerte activo para utilizar la energía que obtienes de la alimentación y hacer que el ciclo de aporte y gasto funcione correctamente. Para ello, debes hacer dos tipos de ejercicios: fuerza y cardio.

Durante muchos años nos dijeron que para perder peso era necesario hacer mucho cardio. Cardio, cardio y más cardio. Pesas, las mujeres no, que «te pones como un paisano», nos decían. A día de hoy, está más que demostrado que no es así. Si solo realizamos cardio, perderemos grasa, pero obtendremos un cuerpo escurrido y sin una forma bonita. Necesitamos los ejercicios de fuerza para generar músculo y conseguir un cuerpo torneado y mucho más atractivo: un físico que se vea saludable. Además, un cuerpo con más masa muscular, solo por el hecho de existir, aunque no esté haciendo nada, gasta más energía que un cuerpo con menos músculo. Por todo esto, durante la semana vas a procurar hacer ambas cosas: un poco de fuerza y un poco de cardio. ¿Y cómo se traduce eso? Al igual que con la alimentación, si no te gusta la coliflor, no la comas. Pues, si no te gusta correr, ¡no lo hagas!

Para trabajar cardio puedes correr, nadar, andar en bici, bailar, caminar..., lo que sea que disfrutes. Es lógico que, si estás acostumbrado a no hacer nada, al principio te cueste un poco, pero has de ponerle ganas y actitud porque es necesario para tu objetivo. Con que salgas a dar una buena caminata dos o tres veces a la semana será más que suficiente.

El deporte es importantísimo, no solo para perder peso, sino para mantener tu cuerpo fuerte y sano, tu mente clara y un estado de ánimo estupendo.

En cuanto al trabajo de fuerza, puedes realizar ejercicios con pesas, clases de TRX (sistema de entrenamiento en suspensión con el peso de tu cuerpo) o de Body Pump (repetición de ejercicios con pesos al ritmo de la música), o bien puedes hacer tablas de ejercicios rápidos, incluso en tu casa, que no te llevarán más de 20 minutos y te ayudarán a tonificar todo el cuerpo y a ganar mucha fuerza.

Si estás un poco perdido con el deporte, al final del libro te cuento cómo unirte a nosotros para tener más información, muchas ideas y todo el apoyo que necesites. ¡Bienvenido al grupo de los piñones-pibones!

8. Adapta este cambio a tus gustos y a tu vida

Este punto es importantísimo si quieres conseguir lo que hoy en día se ha puesto tan de moda y que se conoce como «adherencia». El cambio que acabas de iniciar es para siempre, por lo que has de adaptarlo a tus gustos y a tus circunstancias para que puedas mantenerlo con facilidad (¡y con felicidad!). Nada de obligarte a comer cosas que no te gustan, de hacer más comidas de las que necesitas, de pasarte días cocinando, de practicar deporte a horas imposibles... ¡Nada de eso! Desayuna lo que te pida el cuerpo, si tienes hambre a media mañana toma un tentempié, y busca el horario en el que más cómodo te resulte practicar un poco de ejercicio. Se trata de adaptarlo a ti, de modo que te resulte fácil y te haga la vida mucho mejor. Si lo necesitas, ve introduciendo los cambios poco a poco, no es necesario que te lo propongas todo a la vez. Lo que estás haciendo te va a cambiar la vida para siempre, así que ¡no hay ninguna prisa!

Lo que estás haciendo te va a cambiar la vida para siempre, así que ***¡no hay ninguna prisa!***

9. Puedes (y debes) darte caprichos de vez en cuando

Lo escribo así porque es como estamos acostumbrados a escucharlo, pero, cuando asimiles todo lo que vas a aprender a partir de ahora como algo natural en tu vida, salir a tomar unas tapas, disfrutar de una comida familiar o comer un trozo de tu tarta favorita mientras compartes un café con alguien, dejarás de verlo como un capricho y lo entenderás como algo que forma parte de tu vida sana, equilibrada y feliz.

De hecho, estoy segura de que la mayoría de las personas que me estáis leyendo le dais más importancia a llegar a ese punto que os va a permitir vivir relajados, tranquilos y a gusto con vosotros mismos, con vuestro cuerpo, con la comida y con las relaciones sociales que al hecho de haber perdido cierta cantidad de kilos.

En cualquier caso, te doy mi palabra de que, si de verdad te comprometes con tu propósito, ¡vas a conseguir todo eso y más!

10. El camino al éxito no es una línea recta, habrá picos

Habrá días en los que sientas que comiste más o peor de lo que pensabas, no practicaste ejercicio o hiciste la tontería de pesarte y te viniste abajo porque la báscula marcaba 200 gramos de más («con lo bien que lo hiciste ayer»). Respecto al peso, lo primero que tienes que saber es que es una medida absurda: hay días en los que habrás acumulado más agua o no fuiste al baño… Es más, el aumento de peso puede ser un maravilloso signo de que estás perdiendo grasa y ganando músculo, que pesa mucho más. No te peses, hazme ese favor. Los cambios que vas a experimentar van mucho más allá de un número que solo puede traerte agobios y falsas conclusiones.

***No te peses, hazme ese favor.** Los cambios que vas a experimentar van mucho más allá de un número que solo puede traerte agobios y falsas conclusiones.*

Por otro lado, es importantísimo que entiendas esto: el camino que inicias será una línea ascendente que te llevará hasta lo más alto, pero no es una línea recta. Irá haciendo picos arriba y abajo, pero siempre apuntando hacia tu objetivo. Así que no te preocupes, porque un día malo o regular, o dos, o tres, no van a influir en absoluto en todo un cambio de vida. Olvídate de compensar al día siguiente con más deporte o con menos comida. Con el nuevo día, continúa tu camino y te aseguro que a medio-largo plazo, que es como deben plantearse los cambios que son significativos en nuestra vida, ni tú ni tu cuerpo tendréis en cuenta aquello que puntualmente no hayas hecho del todo bien.

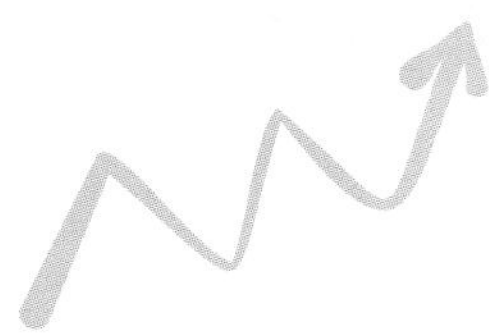

¡Bien! Llegados a este punto, seguro que ya estás convencido y lleno de fuerza y de ganas para empezar. Así que ya estamos listos para meternos de lleno en la cocina. En las páginas siguientes vas a encontrar un montón de recetas, además de consejos, ideas, una lista para hacer la compra y una guía de planificación semanal y mensual para que este gran cambio que comienzas te resulte muy fácil.

¡Empezamos!

Las recetas con las que conseguirás tu cambio

Aquí tienes más de 100 recetas de las que preparo en mi casa en el día a día. Encontrarás recetas de sopas, verduras, carnes, pescados, legumbres, huevos... Algunas pueden constituir una comida por sí solas y otras formar parte de ella o servir como acompañamiento de un plato principal.

Verás que como de todo, preparado de una forma saludable y pensando siempre en disfrutar de una comida rica, sana y variada.

No indico el número de personas en las recetas porque considero que es algo variable. Uno debe comer cada día de modo que se sienta satisfecho y siendo responsable y consciente de estar cuidando su salud.

No tienes que comer todo lo que cocinas. Prepara una receta, disfruta de tu comida y guarda lo que sobra en un recipiente en la nevera o congélalo para tenerlo listo otro día.

Con estas premisas estoy segura de que ¡lo harás estupendamente!

Sopas y cremas

LAS RECETAS CON LAS QUE CONSEGUIRÁS TU CAMBIO

¡Me encantan las sopas y las cremas! Calientes en invierno y frías en verano, son una parte importante de mi alimentación. Pueden ser desde un entrante ligero hasta casi un plato completo, según los ingredientes que lleven, pero lo que siempre tienen es que son un plato lleno de nutrientes que te alimenta, te sacia, te sienta bien y hace que empieces las comidas de la mejor forma posible.

Sopa de cebolla

INGREDIENTES

- 2 cebollas
- 1 cebolleta
- 1 diente de ajo
- 1 litro de caldo de pollo
- 1 chorro de vino blanco
- Aceite de oliva virgen extra
- Sal y pimienta

PREPARACIÓN

1. Pelo las cebollas y la cebolleta y las corto en tiras finas. Pelo el diente de ajo y lo pico.
2. Pongo una olla al fuego con un poco de aceite de oliva virgen extra y, cuando está caliente, echo la cebolla y el ajo, un poco de sal y pimienta, bajo el fuego y cocino a fuego medio, removiendo de vez en cuando, hasta que la cebolla está tierna.
3. Agrego el vino blanco y cocino dos o tres minutos más para que se evapore el alcohol.
4. Entonces, añado el caldo en la olla, la tapo y dejo que hierva a fuego bajo durante unos 20 minutos más.

mi sugerencia

Suelo utilizar caldo de pollo para todas las sopas y cremas de verduras porque me gusta más el sabor que le da pero, si se prefiere, puede utilizarse caldo de verduras.

mis trucos

A veces añado la ramita de alguna hierba que le va muy bien, como tomillo o romero, o una hoja de laurel.

Para hacer un plato completo, se puede cascar en un cuenco un huevo por persona y añadirlos a la olla cuando queden unos pocos minutos de cocción, tapar y dejar cocinar hasta que se cuajen.

Sopas de ajo

INGREDIENTES

- 6 rebanadas de pan del día anterior
- 6 dientes de ajo
- 1 litro y ½ de agua
- 1 cucharadita de pimentón dulce
- Aceite de oliva virgen extra
- Sal

PREPARACIÓN

1. Corto el pan en rebanadas finas y lo reservo.
2. Pongo una olla al fuego con un chorro de aceite de oliva virgen extra y, cuando está caliente, añado los dientes de ajo laminados.
3. Cuando los ajos empiezan a coger color, echo el pan y doy vueltas para que se vaya dorando.
4. Entonces, añado el pimentón, remuevo rápido para que no se queme, vierto el agua y sal al gusto, y cocino a fuego bajo durante 10 minutos.

mis trucos

Para hacer la sopa más completa, a veces añado, a la vez que el pimentón, un tacos de jamón serrano.

Otra opción que le va muy bien es incorporar, en el último momento, un par de huevos batidos y remover bien para que se cuajen.

mis sugerencias

Esta sopa la preparo habitualmente cuando ha sobrado un buen trozo de pan del día anterior, aunque muchas veces lo dejamos a propósito para hacerla.

Siempre que puedo, utilizo pan bregado (o candeal), que es el que mejor queda.

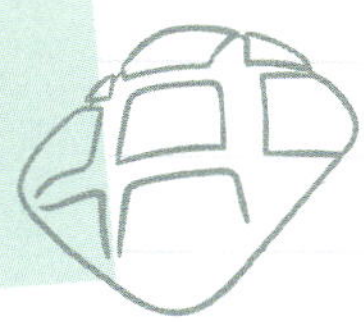

Sopa de tomates asados

INGREDIENTES

- 12 tomates pera
- 3 tazas de caldo de pollo
- 1 cucharadita de orégano
- ½ cucharadita de tomillo
- ½ cucharadita de albahaca
- 1 pizca de pimentón dulce
- Un poco de queso de cabra (opcional)
- Sal y pimienta negra
- Aceite de oliva virgen extra

PREPARACIÓN

1. Precaliento el horno a 200 ºC.
2. Pongo en la bandeja del horno los tomates y espolvoreo por encima el orégano, el tomillo, la albahaca, el pimentón, un poco de sal y la pimienta negra.
3. Lo riego con un hilo de aceite de oliva virgen extra y lo meto en el horno unos 30 minutos, hasta que los tomates estén muy dorados.
4. Los saco, los echo en una olla, agrego el caldo de pollo y trituro muy bien con la batidora.
5. Para darle un toque especial, sirvo la sopa con un hilo de aceite de oliva virgen extra y un poco de queso de cabra desmenuzado por encima.

mi sugerencia

Suelo utilizar caldo de pollo para todas las sopas, aunque sean de verduras. Pero si se prefiere se puede utilizar caldo de verduras.

mis trucos

Cuando quiero hacer una sopa de tomate exprés o cuando no tengo tomates frescos, utilizo un bote de tomates enteros pelados. Los echo en una olla junto a las especias y el caldo, lo trituro y lo cocino durante unos 15 minutos.

Si la sopa queda un poco ácida y a alguien no le gusta, se puede rectificar añadiendo una pizca de azúcar o de bicarbonato. De la misma forma, si se prefiere una textura más fina, se puede pasar al final por un chino o un pasapurés.

Crema de bacalao

INGREDIENTES

- 400 g de bacalao desalado, limpio y sin espinas
- 1 pimiento rojo
- 1 pimiento verde
- 2 dientes de ajo
- 3 vasos de caldo de pollo
- 1 vaso de leche
- Aceite de oliva virgen extra
- Sal

PREPARACIÓN

1. Pongo en la olla exprés un chorro de aceite de oliva virgen extra y rehogo el pimiento rojo, el verde y los ajos, todo bien troceado, con un poco de sal. Frío a fuego fuerte, removiendo, para que cojan color.
2. Añado los trozos de bacalao y el caldo de pollo, lo remuevo y cierro la olla.
3. Una vez que suba la pesa, lo dejo 5 minutos, apago el fuego y espero a que se pueda abrir la olla.
4. Entonces, agrego la leche y trituro muy bien con la batidora hasta que quede una textura fina.
5. Si prefiero una textura aún más fina, antes de servir paso la crema por un chino o un pasapurés.

mis trucos

Para darle un toque extra de sabor a marisco, añado, a veces, 200 g de colas de gambas congeladas a la vez que el bacalao.

Cuando tengo poco tiempo o no dispongo de verduras frescas, utilizo pimiento rojo y verde congelado del que venden en bolsas ya troceado.

A veces utilizo bacalao congelado y lo añado directamente, sin descongelar.

mis sugerencias

Suelo utilizar caldo de pollo para todas las sopas, aunque sean de pescado. Pero, si se prefiere, se puede utilizar caldo de pescado.

Si no tengo olla exprés, lo hago en una olla normal y cocino durante unos 20 minutos.

Crema de verduras con caldo

INGREDIENTES

- 4 calabacines
- 6 zanahorias
- 2 cebollas
- 2 dientes de ajo
- 1 litro de caldo de pollo
- 1 hoja de laurel
- Sal

PREPARACIÓN

1. Pelo todas las verduras, las troceo sin esmerarme mucho, en trozos grandes, y las echo a la olla exprés.
2. Añado el caldo de pollo y la hoja de laurel y cierro la olla. Cocino a fuego fuerte hasta que sube la pesa, luego bajo a fuego medio y lo dejo 5 minutos más.
3. Cuando se pueda abrir la olla, retiro la hoja de laurel y trituro muy bien con la batidora. Pruebo y añado un poco de sal si veo que hace falta.

mis sugerencias

Si no tengo olla exprés, la hago de la misma forma en una olla normal y cocino hasta que las verduras están tiernas. Llevará unos 45 minutos.

A veces varío la cantidad de verdura, según lo que tenga en casa. En función de lo que utilicemos, si vemos que queda muy espesa, quizás haya que echar un poco más de caldo.

mis trucos

Esta crema de verduras la hago todas las semanas, congelo una parte y nos sirve para muchas cenas.

Puedes rehogar las verduras antes de echar el caldo, como yo hacía antes, pero hacerlo como indico en la receta es más práctico y queda igual de rica.

Crema de calabaza con gambas

INGREDIENTES

- 1 calabaza
- 2 puerros
- 1 diente de ajo
- 1 litro de caldo de pollo
- 150 g de gambas peladas congeladas
- Aceite de oliva virgen extra
- Sal y pimienta negra

PREPARACIÓN

1. Corto los puerros, desecho el extremo verde y troceo la parte blanca.
2. Pongo la olla exprés al fuego con un poco de aceite de oliva virgen extra y rehogo los puerros y el ajo picado hasta que están tiernos.
3. Mientras, pelo la calabaza, retiro las pepitas y la corto en trozos grandes.
4. Añado la calabaza y el caldo de pollo a la olla, cierro y cocino a fuego fuerte hasta que suba la pesa. Entonces, bajo a fuego medio y cocino durante 10 minutos más.
5. Cuando se pueda abrir la olla, destapo y añado las gambas y un poco de pimienta.
6. Trituro muy bien con la batidora, pruebo y añado un poco de sal si veo que hace falta.

mi truco

A veces, cuando rehogo el puerro, le echo un poco de cúrcuma y de jengibre en polvo, que le da a la crema un toque exótico muy rico.

mi sugerencia

Si no tengo olla exprés, la hago de la misma forma en una olla normal y cocino hasta que las verduras están tiernas. Llevará unos 50 minutos.

Crema de puerros y peras con azafrán y curry

INGREDIENTES

- 4 puerros
- 4 peras
- 6 hebras de azafrán
- 1 litro de caldo de pollo
- Aceite de oliva virgen extra
- 1 cucharadita de *curry*
- Sal

PREPARACIÓN

1. Corto los puerros, desecho el extremo verde y troceo la parte blanca.
2. Pongo la olla exprés al fuego con un poco de aceite de oliva virgen extra y rehogo los puerros hasta que están tiernos.
3. Añado el azafrán y el *curry*, remuevo, y agrego el caldo y las peras peladas y troceadas. Tapo y, una vez que suba la pesa, cocino durante 5 minutos.
4. Cuando se pueca abrir la olla, trituro muy bien con la batidora, pruebo y agrego un poco de sal, si hiciera falta.

mi truco

Esta crema la hago en verano como una sopa fría y está buenísima también. La preparo igual, pero sin añadir el curry, y la dejo enfriar en la nevera hasta la hora de comer. Junto con el gazpacho y el salmorejo, son nuestras sopas estrella para la época de calor.

mis sugerencias

Suelo utilizar peras del tipo conferencia, pero se puede hacer con cualquier otra variedad.

Si no tengo olla exprés, la hago de la misma forma en una olla normal, y cocino hasta que las verduras están tiernas. Llevará unos 30 minutos.

Crema de calabacín con quesitos

INGREDIENTES

- 6 calabacines pequeños
- 2 litros de caldo de pollo o de verduras
- 4 quesitos
- Sal
- Pimienta blanca

PREPARACIÓN

1. Lavo los calabacines, los pelo parcialmente con el pelador, dejando solo algo de la p el, y los corto en rodajas.
2. Pongo los calabacines en una olla junto con el caldo y llevo al fuego. Cocino a fuego medio durante unos 20 minutos, hasta que están tiernos. Aparto la olla del fuego y dejo reposar 10 minutos.
3. Añado los quesitos y trituro muy bien con la batidora.
4. Pruebo para saber cómo está de sal, añado más, si la necesita, y una pizca de pimienta blanca. Trituro de nuevo y sirvo.

mis sugerencias

A veces, echo también al caldo una cebolla, pelada y troceada, o la parte blanca de dos puerros.

Algunas veces, hago la crema de calabacín y zanahoria. Tiene un toque más dulce y muy rico también. Cuando la preparo así, suelo echar al caldo una hoja de laurel.

mi truco

Antes preparaba las cremas de verduras haciendo un sofrito primero. Pero hace tiempo que suelo hacerlas así, con las verduras hervidas en caldo. Quedan muy ricas también, son más ligeras y ahorro tiempo.

Sopa con arroz, huevo y jamón

INGREDIENTES

- 2 litros de caldo de cocido o de pollo
- ½ vaso de arroz
- 3 huevos
- 100 g de jamón serrano en tacos
- Perejil fresco
- Sal

PREPARACIÓN

1. Pongo los huevos en un cazo grande al fuego con suficiente agua para que los cubra. Cuando el agua empieza a hervir, bajo el fuego y los cuezo durante 12 minutos.
2. Pasado este tiempo, aparto el cazo del fuego y enfrío los huevos bajo el chorro de agua del grifo, los pelo y los pico.
3. Por otro lado, pongo una olla al fuego con todo el caldo y espero a que empiece a hervir. En ese momento, añado el arroz, bajo el fuego y lo dejo cocer durante unos 12 minutos.
4. Entonces, añado los tacos de jamón y dejo cocer durante 3 minutos más.
5. Pruebo y, si hace falta, añado un poco de sal. Sirvo la sopa espolvoreada por encima con el huevo cocido y el perejil fresco picado.

mi sugerencia

Algunas veces, en lugar de sopa, hago esta misma receta como una crema. Una vez el arroz está cocido, trituro todo muy bien con la batidora. Si queda muy espeso, añado un poco más de caldo y trituro de nuevo. Pruebo, rectifico de sal y echo los tacos de jamón y el huevo cocido por encima.

Sopa de pescado exprés

INGREDIENTES

- 1 bolsa de mezcla de pescado y marisco para sopas o paella
- 1 litro y ½ de caldo de pescado
- 2 dientes de ajo
- 1 cucharadita de pimentón dulce
- ½ cucharadita de pimentón picante
- Aceite de oliva virgen extra
- Sal

PREPARACIÓN

1. Pongo una olla al fuego con un poco de aceite de oliva virgen extra y, cuando está bien caliente, echo los dientes de ajo picados. Cuando empiezan a tomar color, añado el pimentón dulce y el picante, aparto del fuego y remuevo rápido.
2. Agrego el contenido de la bolsa con mezcla de pescado y marisco, llevo de nuevo al fuego y vierto todo el caldo de pescado. Cuando empieza a hervir, bajo el fuego y cocino a fuego medio durante unos 15 minutos.
3. Entonces, pruebo, añado la sal que necesite y sirvo bien caliente.

mi sugerencia

Muchas veces, cuando me sobra un poco de arroz lo utilizo en esta sopa. Lo caliento aparte con un poco de caldo y trituro con la batidora. Luego lo añado al resto del caldo y lo dejo hervir todo junto. Aprovecho el arroz que tengo, le da más cuerpo a la sopa y queda muy rica también.

mi truco

Estas bolsas de congelado suelen traer almejas, mejillones, gambas y un par de tipos de pescado diferentes. Son muy prácticas para preparar sopas y arroces.

Sopa de cocido con fideos

INGREDIENTES

- 2 cuartos traseros de pollo
- 1 zanahoria
- 1 puerro
- 1 cebolla
- 2 huevos
- 2 puñados de fideos
- ½ bote de garbanzos cocidos
- 2 ramas de perejil fresco
- Sal

PREPARACIÓN

1. Lavo, pelo y corto en trozos grandes la cebolla, el puerro y la zanahoria.
2. Pongo en una olla los cuartos traseros de pollo, la cebolla, el puerro, la zanahoria, las ramas de perejil fresco y la sal, cubro con agua y llevo al fuego. Cuando empieza a hervir, retiro la espuma que sube a la superficie, bajo un poco el fuego y dejo cocer durante 45 minutos.
3. Pongo los huevos en un cazo a fuego fuerte con suficiente agua para que los cubra. Cuando empieza a hervir, bajo el fuego y cuezo durante 12 minutos. Aparto del fuego, enfrío bajo el chorro de agua del grifo, los pelo y los pico.
4. Saco el pollo de la olla, retiro la piel y los huesos y desmenuzo la carne con las manos.
5. Cuelo el caldo y lo vierto de nuevo en la olla. Añado los garbanzos escurridos, la carne de pollo troceada y los fideos, pruebo por si tengo que añadir un poco más de sal y dejo que cueza todo junto durante 5 minutos.

mis sugerencias

Si lo hago con tiempo suficiente, lo dejo enfriar en la nevera y, antes de calentarlo para comer, retiro la grasa de la superficie.

En función de cómo nos guste la sopa de espesa o de ligera, añadiremos más o menos agua a la olla para empezar la cocción. En cualquier caso, si nos parece que nos ha quedado muy espesa, al final siempre podemos añadir un poco más de agua o de caldo de pollo comprado.

Sopa de pollo y maíz

INGREDIENTES

- 2 pechugas de pollo
- 300 g de maíz en lata
- 2 puerros
- 1 litro y ½ de agua
- 1 hoja de laurel
- 6 granos de pimienta negra
- 1 cucharadita de sal

PREPARACIÓN

1. Limpio los puerros, me quedo solo con la parte blanca, la corto en rodajas finas y la reservo.
2. Limpio las pechugas de pollo, retirando toda la grasa con ayuda de unas tijeras, y las pongo en una olla. Añado el agua, la hoja de laurel, la sal y los granos de pimienta y llevo al fuego.
3. Cuando empieza a hervir, retiro toda la espuma que sube a la superficie. Tapo y cocino a fuego bajo durante 20 minutos. Aparto del fuego y dejo reposar 5 minutos.
4. Saco las pechugas de pollo de la olla y las corto en dados.
5. Cuelo el caldo y lo devuelvo a la olla, excepto un vaso.
6. Pongo el vaso de caldo que aparté en la jarra de la batidora, añado la mitad de los granos de maíz y trituro muy bien. Vierto esto en la olla con el resto del caldo y llevo al fuego hasta que empieza a hervir.
7. Entonces, añado la parte blanca de los puerros al caldo, lo tapo y cocino a fuego bajo durante 8 minutos.
8. Echo los dados de pechuga de pollo y la otra mitad de los granos de maíz a la sopa, pruebo por si tengo que añadir un poco más de sal y dejo cocer 5 minutos más.

mi sugerencia

Si haces esta misma receta sin incorporar al final el pollo y lo trituras todo con la batidora, se obtiene una rica crema de maíz. Los dados de pollo se pueden servir por encima o bien utilizarlos, por ejemplo, para una ensalada.

Crema caliente de pepino con salmón ahumado

INGREDIENTES

- 4 pepinos
- 2 dientes de ajo
- 1 cebolla
- 1 litro de caldo de pollo o de verduras
- 100 g de salmón ahumado
- El zumo de ¼ de limón
- Hierbabuena o eneldo
- Aceite de oliva virgen extra
- Sal

PREPARACIÓN

1. Pongo una olla al fuego con un poco de aceite de oliva virgen extra y, cuando está caliente, echo la cebolla picada y los ajos pelados y troceados. Lo rehogo durante unos minutos hasta que se comienza a dorar la cebolla.
2. Entonces, echo los pepinos pelados y troceados. Mezclo un poco y agrego el caldo.
3. Cuando el caldo empieza a hervir, bajo el fuego, tapo y cocino durante 15 minutos.
4. Entonces, añado las lonchas troceadas de salmón ahumado a la olla y dejo al fuego durante 5 minutos más.
5. Aparto del fuego, agrego el zumo de limón, remuevo y lo trituro todo con la batidora. Pruebo y añado un poco de sal, si hace falta.
6. Sirvo con un poco de hierbabuena o eneldo espolvoreados por encima.

mi truco

A veces, en lugar de salmón ahumado, añado dos puñados de colas de gambas peladas y congeladas directamente, junto con el pepino, y cocino del mismo modo. Queda muy rica también.

mi sugerencia

Utilizo la variedad de pepino español, el pequeño y de piel arrugada. El que es más grande y liso es el francés.

Crema de guisantes con jamón crujiente

INGREDIENTES

- 500 g de guisantes congelados
- ½ litro de caldo de pollo
- 100 g de jamón serrano en tacos
- 1 cebolleta
- Aceite de oliva virgen extra
- Sal

PREPARACIÓN

1. Pongo una olla al fuego con un poco de aceite de oliva virgen extra y, cuando está caliente, frío la cebolleta picada hasta que está tierna.
2. Entonces, echo los guisantes congelados y el caldo de pollo y dejo que se cocinen durante 15 minutos.
3. Trituro los guisantes muy bien con la batidora en la misma olla, pruebo por si tengo que añadir un poco más de sal y lo dejo cocer durante 2 minutos más.
4. Pongo los tacos de jamón en un plato sobre papel de cocina y los meto al microondas durante unos segundos hasta que están tostados.
5. Sirvo la crema de guisantes en cuencos con los tacos de jamón crujiente espolvoreacos por encima.

mis sugerencias

Si no tengo microondas, tuesto los tacos de jamón en una sartén sin nada de materia grasa. También se pueden utilizar lonchas de jamón, tostarlas enteras y, una vez estén crujientes, trocearlas para servir.

Si la crema no me queda con una textura fina, la paso por el chino o el pasapurés.

Gazpacho

INGREDIENTES

- 1 kg de tomates maduros
- ½ pepino
- ½ cebolleta
- ½ pimiento verde italiano
- 1 diente de ajo
- 4 cucharadas de aceite de oliva virgen extra
- 2 cucharadas de vinagre de Jerez o de manzana
- 1 cucharadita de sal
- 4 cubitos de hielo

PREPARACIÓN

1. Lo primero que hago es escaldar los tomates, para pelarlos con facilidad y conseguir un gazpacho con una textura mucho más fina. Con un cuchillo hago una cruz en la base de los tomates y los echo en una olla con agua hirviendo durante 1 minuto. Los saco con una espumadera y los voy echando en un bol que tengo con agua muy fría, incluso con unos hielos, para cortar la cocción.
2. Los voy cogiendo del bol, tiro de la piel por la parte donde hice el corte y se la retiro. Una vez pelados, los troceo y los echo en un robot americano.
3. Agrego el diente de ajo pelado y sin el germen central, el pimiento verde troceado y sin las semillas, el pepino y la cebolleta pelados y picados, el aceite, el vinagre y la sal, y cuatro cubitos de hielo.
4. Trituro durante unos minutos para que quede con una textura fina. Si queda demasiado espeso, añado algún cubito de hielo más y trituro de nuevo.
5. Entonces pruebo, por si me parece que necesita algo más de aceite, vinagre o sal, y cuando lo tengo listo, lo meto en la nevera para que esté bien frío a la hora de comer.
6. A veces, lo sirvo en vasos para beberlo, y otras, lo pongo en tazones para comer con cuchara. En este caso, lo acompaño de unos cuencos con tomate, cebolleta, pepino y pimiento verde picados, para que cada uno se eche un poco a su gusto lo que más le apetezca.

mi sugerencia

Si no tengo robot de cocina que pueda triturar hielo, añado agua fría en su lugar. Lo hago en una jarra grande y lo trituro muy bien con la batidora.

mis trucos

A partir de este gazpacho clásico hago muchas versiones añadiendo frutas u otras verduras. Echo la mitad de tomates y, en su lugar, pongo sandía, remolacha, cerezas, fresas, melocotón...

También hago gazpacho de melón, pero entonces no pongo tomate, solo un kilo de melón y el resto de los ingredientes igual.

Salmorejo

INGREDIENTES

- 1 kg de tomates maduros
- 200 g de pan del día anterior
- 1 diente de ajo
- 8 cucharadas de aceite de oliva virgen extra
- 3 cucharadas de vinagre de Jerez o de manzana
- 1 cucharadita de sal
- Tacos de jamón ibérico o serrano
- 1 huevo cocido
- Agua

PREPARACIÓN

1. Lo primero que hago es escaldar los tomates, para poder pelarlos bien y conseguir un salmorejo con una textura mucho más cremosa. Con un cuchillo, hago una cruz en la base de los tomates y los echo en una olla con agua hirviendo durante 1 minuto. Los saco con una espumadera y los voy echando en un bol que tengo con agua muy fría, incluso con unos hielos, para cortar la cocción.
2. Los voy cogiendo del bol, tiro de la piel por la parte donde hice el corte y se la retiro. Una vez pelados, los troceo y los echo en un robot americano.
3. Añado el trozo de pan seco, el diente de ajo pelado y sin el germen, para que siente mejor, el aceite de oliva virgen extra, el vinagre y la sal, y lo trituro muy bien hasta obtener una crema fina.
4. Si queda muy espeso, añado un poco de agua, y si queda muy líquido, echo un poco más de pan y trituro de nuevo.
5. Entonces pruebo, porque varía mucho de sabor en función de los tomates, y rectifico añadiendo un poco más de aceite, vinagre, sal o ajo, hasta que esté a mi gusto.
6. Lo trituro de nuevo y lo reservo en la nevera hasta la hora de comer. Lo sirvo en cuencos y echo por encima unos tacos de jamón, huevo cocido troceado y un hilo de aceite de oliva virgen extra.

mis sugerencias

Si no tengo robot americano, lo hago en una jarra grande y trituro muy bien con la batidora.

Suelo utilizar tomates de tipo pera que estén bien maduros, porque tienen mucha carne y son ideales para el salmorejo.

Verduras y ensaladas

LAS RECETAS CON LAS QUE CONSEGUIRÁS TU CAMBIO

Junto con las frutas, las verduras deben ser la base de nuestra alimentación. En casa, comemos todos los días y ¡nos encantan! No te preocupes si no te gusta una verdura en concreto, o dos, o tres... No tienes por qué comerla, porque ¡hay infinitas posibilidades! Prueba con otras o cambia de receta. Es importante que disfrutes de cada plato y, para eso, aquí te dejo un montón de recetas de las que, estoy segura, vas a incluir unas cuantas en tu recetario para siempre.

Cardo con almendras y jamón

INGREDIENTES

- 2 frascos de cardo cocido al natural
- 100 g de jamón serrano en tacos
- 4 dientes de ajo
- 4 cucharadas de almendra picada
- Aceite de oliva virgen extra
- Sal

PREPARACIÓN

1. Pongo una olla al fuego y echo los dos frascos de cardo con el propio caldo de la conserva. Dejo cocer durante 20 minutos.
2. Mientras, en una sartén con un poco de aceite de oliva virgen extra, voy friendo los dientes de ajo cortados en láminas. Cuando se empiezan a dorar, añado los tacos de jamón serrano y la almendra picada y remuevo todo.
3. Echo el contenido de la sartén a la olla y lo dejo cocer todo junto durante 15 minutos más.
4. Pruebo y añado un poco más de sal, si hiciera falta.

mi sugerencia

En mi tierra no suele encontrarse cardo fresco, por eso siempre preparo esta receta con cardo en conserva. En cualquier caso, ahorra mucho trabajo y queda buenísimo.

mi truco

Si nos apetece que el caldo quede un poco más espeso, podemos añadir al sofrito de ajo y jamón, además de la almendra picada, un par de cucharadas de almendra molida.

Olla de judías verdes con tomate

INGREDIENTES

- 500 g de judías verdes frescas
- 2 tomates
- 1 cebolla
- 1 diente de ajo
- 1 hoja de laurel
- 1 cucharadita de pimentón dulce
- 1 chorro de vino blanco
- 1 chorro de aceite de oliva virgen extra
- 2 vasos de agua
- Sal y pimienta negra

PREPARACIÓN

1. Pelo y pico fino la cebolla, el ajo y los tomates. Retiro las hebras de las judías verdes y también las troceo.
2. Cojo una olla grande y lo echo todo: la cebolla, el ajo, el tomate, las judías verdes, la hoja de laurel, el vino, el aceite de oliva, el pimentón, la sal y la pimienta.
3. Remuevo, agrego el agua, tapo y llevo al fuego durante unos 25 minutos. De vez en cuando, destapo y veo cómo va.
4. Los últimos minutos de cocción, destapo la olla para que se evapore un poco el líquido y se ligue un poco la salsa.

mi truco

A veces, utilizo tomate triturado de lata. También la he preparado con judías verdes congeladas. En ese caso, echo un poco menos de agua.

mis sugerencias

Esta receta es perfecta para hacer unas verduras con cero complicaciones. Se pone todo el crudo al fuego, se tapa y se hace solo.

Puedes añadir otras verduras, como zanahorias, calabacín, champiñones... ¡Todo vale!

Coliflor al ajo arriero

INGREDIENTES

- 1 coliflor
- 3 dientes de ajo
- 1 cucharadita de pimentón dulce
- Aceite de oliva virgen extra
- Sal

PREPARACIÓN

1. Retiro las hojas de la coliflor, separo los ramilletes y los corto en trozos grandes.
2. Pongo una olla alta al fuego con abundante agua con sal y, cuando empieza a hervir, echo la coliflor y la cocino a fuego medio hasta que está tierna.
3. Cuando está lista, la escurro del agua y la echo en una fuente.
4. Mientras, en una sartén con un poco de aceite de oliva virgen extra, frío los dientes de ajo cortados en láminas. Cuando empiezan a dorarse, los aparto del fuego, añado el pimentón dulce, remuevo y lo vierto todo sobre la coliflor.

mi truco

Esta misma receta la utilizo para hacer brócoli, judías verdes, repollo y berza.

mis sugerencias

A veces, junto con la coliflor, cuezo una patata o dos cortadas en dados. También le añado otras veces un par de zanahorias cortadas en rodajas gruesas.

A la hora de servir, se pueden añadir unos huevos cocidos cortados a la mitad o picados por encima.

Espinacas con patatinas y jamón

INGREDIENTES

- 1 kg de espinacas congeladas
- 1 cebolla
- 125 g de jamón serrano en tacos
- 2 patatas
- Aceite de oliva virgen extra
- Sal

PREPARACIÓN

1. Pongo una cazuela al fuego con un poco de aceite de oliva virgen extra y, cuando está bien caliente, echo la cebolla picada fina y la sofrío hasta que empieza a dorarse.
2. Entonces, añado los tacos de jamón serrano, las patatas cortadas en dados pequeños, los bloques de espinacas congeladas, un poco de sal y agua hasta que cubra.
3. Tapo y cocino a fuego medio durante unos 15 minutos, hasta que la patata está hecha.

mis trucos

Siempre tengo verduras en el congelador porque me resulta muy práctico, pero se puede hacer la misma receta con espinacas frescas.

Para que resulte aún más sabroso, a veces, en lugar de agua, utilizo caldo de verduras o, mejor aún, caldo de pollo.

mi sugerencia

Esta misma receta la utilizo para hacer acelgas o borraja.

Calabapizza

INGREDIENTES

- 2 calabacines
- 8 cucharadas de salsa de tomate o tomate frito
- 1 lata de atún
- 2 cucharaditas de orégano

PREPARACIÓN

1. Lavo los calabacines, los corto en trozos como si cortara patatas para hacer una tortilla y los voy dejando en un recipiente que pueda ir al microondas.
2. Echo por encima las cucharadas de salsa de tomate y el atún desmigado y espolvoreo el orégano.
3. Tapo el recipiente con su tapa y cocino en el microondas a máxima potencia entre 15 y 20 minutos, según su potencia.
4. Saco, dejo reposar un poco y destapo con cuidado de no quemarme.

mi truco

Esta es la receta original, pero con los años he ido probando a añadir más ingredientes y está muy rico de cualquier forma. A veces cambio el atún por tacos de jamón cocido o pavo, o añado aceitunas negras, anchoas, queso rallado, cebolla picada, champiñones...

mis sugerencias

Cuando no tengo un recipiente con tapa disponible, tapo con papel film apto para microondas y hago unos agujeros por la superficie con un cuchillo. Funciona igual de bien.

Si no tengo microondas, lo preparo en el horno precalentado a 200 ºC, durante 25 minutos.

Berenjenas rellenas de atún

INGREDIENTES

- 2 berenjenas
- 1 cebolla
- 1 pimiento rojo
- 2 dientes de ajo
- 2 latas de atún
- ½ cucharadita de comino en polvo
- Aceite de oliva virgen
- Sal y pimienta negra

PREPARACIÓN

1. Corto las berenjenas por la mitad a lo largo y hago unas incisiones con un cuchillo por toda la pulpa. Las meto en un recipiente con tapa que pueda ir al microondas y las cocino durante 10 minutos.
2. Cuando están hechas, saco la pulpa de las berenjenas con la ayuda de una cuchara y reservo las pieles.
3. Pongo una sartén al fuego con un poco de aceite de oliva virgen extra y, cuando está bien caliente, echo la cebolla, el pimiento rojo y el ajo, todo picado.
4. Rehogo a fuego medio hasta que las verduras estén tiernas y entonces agrego la pulpa de las berenjenas, el atún, el comino, sal y pimienta.
5. Mezclo bien y relleno con este sofrito la piel de las berenjenas.

mi sugerencia

Si no tengo microondas, aso las berenjenas al horno, a 200 ºC durante unos 40 minutos.

mis trucos

Para darle un toque extra, puedes añadirles un poco de queso espolvoreado y gratinarlas al grill del horno precalentado a 250 °C.

A veces hago la misma receta utilizando bacalao desmigado en lugar de atún y queda muy rica también.

Verduras en escabeche

INGREDIENTES

- 4 cebolletas
- 4 dientes de ajo
- 2 puerros
- 4 patatas
- 8 setas
- 1 vaso de aceite de oliva virgen extra
- 1/3 de vaso de vinagre de manzana o de Jerez
- 1 hoja de laurel
- 6 granos de pimienta negra
- Sal

PREPARACIÓN

1. Retiro las hojas exteriores de las cebolletas y las dejo enteras. Corto los puerros, quedándome solo con la parte blanca, los lavo bien y los dejo también enteros. Limpio las setas con un paño por si tuvieran algo de tierra.

2. Coloco en el fondo de una cazuela baja las setas, las cebolletas, los puerros, los dientes de ajo sin pelar, la hoja de laurel y los granos de pimienta negra.

3. Espolvoreo todo con un poco de sal y entonces echo, primero, el tercio de vaso de vinagre, y después, el vaso de aceite de oliva virgen extra. Pongo a fuego medio y, cuando ya está caliente, tapo y cocino a fuego lento durante 1 hora.

4. Mientras, pelo las patatas y las corto en rodajas gruesas. Las coloco en un plato apto para microondas, con un poco de sal y un hilo de aceite de oliva virgen extra, las tapo y las hago en el microondas durante unos 8 minutos o bien en el horno precalentado a 200 ºC tapadas con papel de aluminio durante 20 minutos.

5. Coloco en una fuente las rodajas de patata cocidas y dispongo por encima las verduras escurridas del escabeche. Suelo servir el plato con unos huevos poché o «fritos» (pág. 240).

mi sugerencia

Para hacer los huevos poché, forro un cuenco por dentro con papel film, dejando que sobresalga. Casco un huevo dentro, echo sal y cierro el papel film con un nudo, de modo que quede como un saco. Lo echo en un cazo con agua hirviendo y lo dejo cuajar durante 4 minutos. Entonces saco, dejo entibiar y retiro el papel film con cuidado.

mis trucos

A veces también añado al escabeche una rama de romero o de tomillo para darle otro aroma.

El escabeche que sobra de cocer las verduras no lo tiro. Lo cuelo y lo conservo en un frasco para aliñar ensaladas, pescados al horno, parrilladas de verduras...

Pastel de verduras

INGREDIENTES

- 1 frasco de macedonia de verduras
- 6 huevos
- ½ vaso de leche evaporada o nata líquida
- Aceite de oliva virgen extra
- Sal y pimienta negra

PREPARACIÓN

1. Precaliento el horno a 200 ºC.
2. En un bol, echo los huevos, la leche evaporada y un poco de sal y pimienta negra y trituro con la batidora.
3. Escurro muy bien las verduras del frasco, las echo en el bol y lo mezclo todo.
4. Vierto la mezcla en un molde que engraso previamente con un poco de aceite de oliva, cubro con papel de aluminio y lo meto al horno a 200 °C durante unos 30 minutos.
5. Retiro el papel de aluminio y lo dejo unos minutos más, hasta que el pastel está cuajado. Compruebo si lo está pinchando en el centro del pastel con un cuchillo que ha de salir limpio.
6. Sirvo este plato templado o frío con mayonesa o salsa rosa.

mis trucos

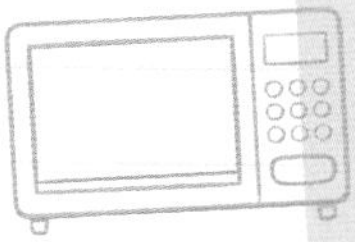

Si no quiero usar el horno o tengo poco tiempo, lo hago en versión exprés en el microondas, en un molde que cubro con papel film y lo pongo a máxima potencia durante 10 minutos.

Se puede hacer con verduras frescas troceadas, como brócoli, coliflor, judías verdes, zanahoria, patata, calabacín, calabaza... Además, se pueden añadir unos tacos de jamón o una lata de atún.

Ensaladilla rusa

INGREDIENTES

- 6 patatas pequeñas
- 1 lata de atún en aceite de oliva
- 1 cebolleta o 1 cebolla dulce
- 6 cucharadas de mayonesa
- Aceite de oliva virgen extra
- Vinagre
- Sal

PREPARACIÓN

1. Lavo las patatas y les paso el cuchillo por la piel, todo alrededor, como si fuera a cortarlas por la mitad, pero haciendo solo un corte superficial, para poder pelarlas luego con mayor facilidad.
2. Las echo en una olla con abundante agua fría y sal y las pongo a fuego fuerte. Cuando empieza a hervir, bajo a fuego medio y las dejo durante unos 20 minutos o hasta que, al pincharlas con un cuchillo, este salga perfectamente.
3. Pelo las patatas tirando de la piel de los extremos hacia los lados. Las echo en un bol y las machaco con un tenedor, sin hacerlas puré.
4. Añado el atún desmenuzado y la cebolleta picada muy fina a las patatas. Aliño con un poco de aceite de oliva virgen extra, vinagre y sal, y mezclo todo muy bien.
5. Agrego la mayonesa, remuevo y reservo en la nevera.
6. Sirvo la ensaladilla con picos de pan para acompañar.

mis sugerencias

Siempre hago yo la mayonesa. Es más sana y nos gusta mucho más que las compradas. En la receta de los huevos rellenos os cuento cómo hacerla en 1 minuto y que quede siempre perfecta.

Esta es la ensaladilla básica, pero muchas veces añado más cosas como guisantes, huevos cocidos, zanahoria cocida cortada en dados, pimientos, aceitunas, colas de gambas...

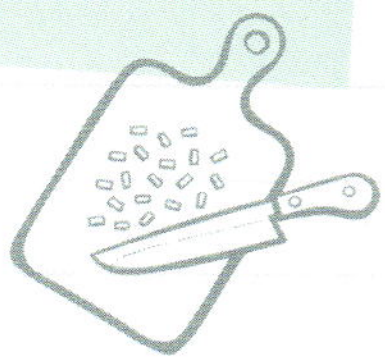

Pisto con huevos

INGREDIENTES

- 2 cebollas
- 1 kg de tomates maduros
- 2 kg de calabacines
- 4 huevos
- Aceite de oliva virgen extra
- Sal

PREPARACIÓN

1. Pongo una sartén grande al fuego con un poco de aceite de oliva virgen extra y, cuando está caliente, echo la cebolla picada fina y sofrío durante unos minutos hasta que esté tierna.
2. Entonces, añado los calabacines cortados en dados pequeños y cocino durante 5 minutos más.
3. Agrego los tomates también picados en dados y un poco de sal, remuevo, bajo el fuego, tapo y dejo que se cocine durante unos 25 minutos, removiendo de vez en cuando. Si veo que se queda sin caldo, echo un poco de agua.
4. Cuando el pisto está listo, lo pruebo por si tengo que añadir más sal o un poco de azúcar para rectificar la acidez del tomate.
5. Con ayuda de una cuchara, hago cuatro huecos en el pisto y echo un huevo en cada uno con un poco de sal. Lo tapo y lo dejo al fuego hasta que los huevos se hayan cuajado.

mis trucos

Una variante que suelo hacer consiste en añadir los huevos batidos en lugar de enteros. Suelo echar solo tres. Lo hago cuando el pisto ya está hecho y remuevo bien.

Algunas veces le añado también dos pimientos verdes italianos, que echo a la vez que la cebolla.

Menestra de verduras

INGREDIENTES

- 300 g de guisantes congelados
- 300 g de judías verdes
- 1 kg de alcachofas
- 2 zanahorias
- 1 cebolla pequeña
- 1 limón
- 100 g de jamón serrano
- Caldo de pollo o caldo de verduras
- Aceite de oliva virgen extra
- Sal

PREPARACIÓN

1. Lo primero que hago es preparar todas las verduras. Retiro las hojas duras de las alcachofas y les dejo solo el corazón. Las corto en cuartos y las echo en un bol con agua fría y unas gotas de zumo de limón.

2. Pelo y pico fino la cebolla. Retiro los hilos a las judías verdes, les corto la punta y las corto en trozos. Pelo las zanahorias y las pico en dados.

3. Pongo una cazuela al fuego con un poco de aceite de oliva virgen extra y, cuando está caliente, echo la cebolla picada y remuevo unos minutos hasta que está transparente.

4. Entonces, echo los tacos de jamón, remuevo un poco y agrego las zanahorias. Sofrío un par de minutos e incorporo las judías verdes y los guisantes.

5. Añado un poco de sal y caldo solo hasta cubrir las verduras. Cocino a fuego lento unos 20 minutos, hasta que las verduras están tiernas.

mis sugerencias

A veces sirvo con un par de huevos cocidos, cortados en cuartos, por encima.

Si quiero la salsa un poco más ligada, añado una cucharadita de harina una vez he rehogado el jamón.

Gajos de patata crujientes con especias

INGREDIENTES

- 1 kg y ½ de patatas de piel fina
- 4 cucharadas de aceite de oliva virgen extra
- 2 cucharaditas de pimentón dulce
- 2 cucharaditas de cebolla en polvo
- 2 cucharaditas de ajo en polvo
- 1 cucharadita de orégano seco
- 1 cucharadita de sal
- ¼ de cucharadita de pimienta negra

PREPARACIÓN

1. Precaliento el horno a 220 ºC.
2. Lavo las patatas y, sin pelarlas, las corto en gajos. Las meto en un bol grande, las riego con el aceite y las remuevo bien para que se impregnen.
3. Mezclo bien, en un cuenco, todas las especias y la sal, las echo sobre las patatas y vuelvo a remover para que queden bien cubiertas por todos los lados.
4. Distribuyo los gajos de patata sobre la bandeja del horno cubierta con una hoja de papel vegetal, de modo que queden en una sola capa sin amontonarse.
5. Meto las patatas al horno a 220 °C, con calor arriba y abajo, durante 40 minutos, hasta que estén doradas y crujientes.
6. Las sirvo como acompañamiento de carnes o pescados o bien con alguna salsa para mojar, como salsa de tomate o aliño de yogur.

mis sugerencias

A veces añado otras especias o hierbas como comino, pimienta blanca, romero o tomillo, o incluso un poco de guindilla cayena, para darles un toque picante.

Aunque parezca un poco raro, una de las salsas que más nos gusta para mojarlas es el yogur de beber, natural o de limón. ¡Le va de cine!

Champiñones al ajillo con jamón

INGREDIENTES

- 500 g de champiñones
- 3 dientes de ajo
- 100 g de jamón serrano en tacos
- 1 limón
- 1 guindilla
- Perejil fresco
- Aceite de oliva virgen extra
- Sal

PREPARACIÓN

1. Lo primero que hago es limpiar los champiñones, cepillándolos bajo el chorro de agua fría del grifo, y los voy echando a un bol que tengo con abundante agua y el zumo del limón. Cuando están todos limpios, los saco y los seco bien con un paño de cocina.
2. Cojo una olla de barro o una cazuela baja y echo un chorro de aceite de oliva virgen extra, los dientes de ajo pelados y picados, la guindilla, los tacos de jamón serrano, los champiñones enteros y un poco de sal, y mezclo todo.
3. Entonces, llevo a fuego medio durante 10 minutos. Subo el fuego y cocino durante 5 minutos más.
4. Espolvoreo con el perejil fresco picado y sirvo como entrante o como acompañamiento de carnes o pescados.

mis trucos

A veces echo a los champiñones un chorro de vino blanco, que les da un aroma muy rico. O, también, un poco de romero o tomillo.

También le va muy bien añadir, en los últimos 5 minutos, unas colas de gambas peladas.

Alcachofas guisadas con jamón

INGREDIENTES

- 1 frasco de alcachofas en conserva
- 2 dientes de ajo
- 100 g de jamón serrano en tacos
- 2 cucharadas de perejil fresco
- Aceite de oliva virgen extra

PREPARACIÓN

1. Pongo una sartén al fuego con un poco de aceite de oliva virgen extra y, cuando está caliente, echo los dientes de ajo picados. En cuanto empiezan a tomar color, agrego los tacos de jamón y remuevo.
2. Entonces, añado las alcachofas del frasco, con todo el líquido de la conserva. Bajo el fuego y dejo que se hagan a fuego medio durante 15 minutos.
3. Espolvoreo con el perejil picado y sirvo.

mi truco

Algunas veces, hago la misma receta añadiendo unas almejas. Dejo que se abran primero poniéndolas en una cazuela al fuego con tapa. Después, las cuelo, las echo en el último minuto sobre las alcachofas y mezclo bien.

mi sugerencia

También hago esta receta con corazones de alcachofas congelados. En este caso, al no tener el caldo de la conserva, echo un poco de caldo de verduras o de pollo.

Setas gratinadas al horno

INGREDIENTES

- 500 g de setas
- 1 cebolleta
- 1 chorro de vino blanco
- 1 puñado de perejil fresco
- Pan rallado
- Aceite de oliva virgen extra
- Sal

PREPARACIÓN

1. Precaliento el horno a 180 ºC.
2. Lo primero que hago es limpiar las setas cepillándolas bajo el chorro de agua fría del grifo. Después, las seco bien con un paño de cocina, les corto el rabo y las coloco, con las estrías hacia arriba, sobre la fuente del horno que he pincelado con un poco de aceite para que no se peguen. Las condimento con sal y las reservo.
3. Pongo una sartén al fuego con un poco de aceite de oliva virgen extra y, cuando está caliente, frío la cebolleta y los rabos de las setas, todo bien picado. Cuando se han dorado, agrego un chorro de vino blanco y dejo que se evapore durante unos minutos.
4. Retiro la sartén del fuego, añado el perejil picado, mezclo bien y distribuyo el refrito por encima de las setas.
5. Espolvoreo todo con un poco de pan rallado y lo meto al horno a 180 ºC, con calor arriba y abajo, durante unos 15 minutos, hasta que la superficie de las setas se ha dorado.

mi sugerencia

Si las setas están bastante limpias, lo ideal es acabar de limpiarlas únicamente con un cepillo o un paño, sin pasarlas por agua, ya que absorben mucho y les resta sabor.
Yo suelo limpiarlas bajo el grifo solo cuando veo que tienen bastante tierra.

Judías verdes con refrito de cebolla y atún

INGREDIENTES

- 600 g de judías verdes congeladas
- 2 cebollas
- 3 latas de atún
- 2 huevos
- Aceite de oliva virgen extra
- Sal y pimienta negra

PREPARACIÓN

1. Pongo una olla con abundante agua con sal al fuego y, cuando empieza a hervir, echo las judías verdes congeladas. Cuezo durante unos 15 minutos, hasta que están tiernas.
2. Entonces, escurro y las echo en una fuente.
3. Por otro lado, pongo los huevos en un cazo a fuego fuerte con suficiente agua para que los cubra. Cuando empieza a hervir, bajo el fuego y cuezo durante unos 10 minutos. Aparto del fuego, enfrío los huevos bajo el chorro de agua del grifo, los pelo y los troceo.
4. Mientras, pongo también una sartén al fuego con un poco de aceite de oliva virgen extra y, cuando está caliente, añado las cebollas picadas finas, sal y pimienta, y sofrío durante unos 20 minutos, hasta que cojan color. Cuando están bien doradas, añado el atún de lata escurrido, remuevo durante un minuto y aparto del fuego.
5. Echo la cebolla frita con atún sobre las judías verdes y espolvoreo por encima los huevos cocidos picados.

mi sugerencia

Suelo utilizar atún en aceite de oliva o atún al natural pero, si queréis darle un toque diferente, podéis utilizar atún en escabeche, que con el huevo cocido casa muy bien. También se pueden añadir unas aceitunas negras o un tomate fresco picado en el momento de servir.

Ensalada campera

INGREDIENTES

- 3 patatas grandes
- 3 tomates pera
- 1 cebolleta
- 1 pimiento verde italiano
- 1 pimiento rojo morrón
- 2 huevos
- 2 latas de atún
- Aceite de oliva virgen extra
- Vinagre de Jerez o de manzana
- Sal
- Perejil fresco

PREPARACIÓN

1. Pongo una olla al fuego con abundante agua y un poco de sal y, cuando empieza a hervir, echo las patatas enteras y sin pelar. Una vez que recupera el hervor, las dejo cocer durante unos 25 minutos, hasta que están hechas. Lo compruebo pinchándolas con un cuchillo que ha de entrar y salir sin dificultad.

2. Entonces, aparto del fuego, escurro y dejo que se templen. Las pelo, las corto en trozos grandes y las voy poniendo en una fuente.

3. Por otro lado, pongo los huevos en un cazo a fuego fuerte con suficiente agua para que los cubra. Cuando empieza a hervir, bajo el fuego y cuezo durante 10 minutos. Aparto del fuego, enfrío los huevos bajo el chorro de agua del grifo, los pelo y los corto en trozos grandes.

4. Mientras, preparo las verduras. Pelo y pico fina la cebolleta. Abro los pimientos, retiro las pepitas y los corto en dados grandes, al igual que los tomates.

5. Añado todas las verduras y el atún en la fuente con las patatas, aún calientes, lo condimento con un poco de sal y perejil fresco picado y lo envuelvo todo con cuidado.

6. Echo en un cuenco un buen chorro de aceite de oliva virgen extra, un poco de vinagre y sal y lo bato bien con un tenedor. Riego la ensalada con esta vinagreta y la vuelvo a mezclar con cuidado.

mi truco

Para saber si las patatas ya están cocidas, pínchalas con un cuchillo que ha de entrar y salir sin dificultad.

mi sugerencia

Algunas veces también añado a las verduras la parte blanca de un puerro.

Ensalada de naranjas con bacalao

INGREDIENTES

- 3 naranjas
- 400 g de migas de bacalao en su punto de sal
- 1 cebolleta
- 3 huevos
- 1 puñado de aceitunas negras sin hueso
- Aceite de oliva virgen extra
- Vinagre de Jerez
- Sal

PREPARACIÓN

1. Pongo los huevos en un cazo a fuego fuerte con suficiente agua para que los cubra. Cuando empieza a hervir, bajo el fuego y cuezo durante 12 minutos. Aparto del fuego, enfrío los huevos bajo el chorro de agua del grifo, los pelo y los corto en cuartos.
2. Pelo las naranjas, quitando toda la parte blanca posible, las corto en rodajas y las dispongo en una fuente.
3. Corto la cebolleta en láminas finas y la reparto por encima de las naranjas.
4. Coloco sobre la cebolleta las migas de bacalao y distribuyo por la fuente las aceitunas negras enteras o cortadas por la mitad.
5. Pongo por último los gajos de huevo cocido y lo aliño todo con un poco de sal, un chorro de aceite de oliva virgen extra y unas gotas de vinagre de Jerez.

mi sugerencia

Puedes preparar este plato con las migas de bacalao en crudo o asándolas ligeramente en la parrilla.

Ensalada de cuscús con salmón y bacalao ahumados

INGREDIENTES

- 1 vaso de cuscús
- 1 cucharadita de mantequilla
- 100 g de salmón ahumado
- 100 g de bacalao ahumado
- 10 tomates cherry
- 1 puñado de uvas pasas
- 1 puñado de piñones
- 6 hojas de albahaca fresca
- Aceite de oliva virgen extra
- Reducción de vinagre balsámico
- Sal

PREPARACIÓN

1. Echo las uvas pasas en un cuenco con agua que las cubra y las dejo en remojo.
2. Para hacer el aceite de albahaca, pongo un cazo al fuego con agua y, cuando empieza a hervir, echo las hojas de albahaca. Dejo que hiervan durante 30 segundos, las saco con una espumadera y las meto en un bol con agua muy fría durante unos segundos. Las saco, las seco con papel de cocina y las echo a la jarra de la batidora. Agrego tres dedos de aceite de oliva virgen extra y trituro.
3. Pongo otro cazo al fuego con dos vasos de agua, un hilo de aceite y una cucharadita rasa de sal. Cuando empieza a hervir, echo el cuscús y la cucharadita de mantequilla y cocino a fuego suave durante 2 minutos, mientras remuevo con un tenedor. Aparto del fuego y vuelco el cuscús en una ensaladera.
4. Corto el salmón y el bacalao ahumados en tiras finas y los echo a la ensaladera con el cuscús. Añado los piñones, las uvas pasas escurridas y los tomates cherry cortados por la mitad y lo mezclo todo suavemente.
5. Aliño la ensalada con el aceite de albahaca, la mezclo despacio y la sirvo con un hilo de reducción de vinagre de balsámico por encima.

mis trucos

Algunas veces le añado, además, unos boquerones en vinagre troceados.

Si preparo esta ensalada para un día especial, la monto con un aro de emplatar y la adorno con los tomates cherry, el aceite de albahaca y la reducción de balsámico.

Pimientos morrones aliñados

INGREDIENTES

- 4 pimientos morrones rojos
- 2 dientes de ajo
- Aceite de oliva virgen extra
- Vinagre
- Sal

PREPARACIÓN

1. Precaliento el horno a 200 ºC.
2. Lo primero que hago es lavar y secar muy bien los pimientos enteros. Los pongo en una fuente y los meto al horno a 200 ºC hasta que la piel está bien tostada y la carne, tierna. Cuando se tuestan por un lado, saco la fuente, les doy la vuelta y dejo que se tuesten por el otro.
3. Una vez listos, dejo los pimientos dentro del horno o bien los saco y los tapo con papel de aluminio o con un paño para que se enfríen y después se pelen mejor.
4. Cuando están fríos, los pelo y los voy desgarrando en tiras y colocándolos en un bol. Añado los dientes de ajo pelados y picados muy finos, o triturados con el prensa ajos, lo aliño todo con un chorro de aceite de oliva virgen extra, un poco de vinagre y un poco de sal, y lo sirvo como entrante o como acompañamiento de carnes o pescados.

mi truco

Antes de pelar los pimientos, déjalos enfriar. Así te resultará más fácil quitarles la piel.

mis sugerencias

Alguna vez los he hecho en el microondas, aunque no quedan igual, porque no se tuestan y no adquieren ese sabor ahumado. Pero es un buen apaño para cuando no tenemos horno o no queremos encenderlo.

Los meto en el microondas, en un recipiente con tapa, y los cocino durante 10 minutos a máxima potencia.

Puerros rellenos de bonito y pimientos

INGREDIENTES

- 4 puerros
- 1 frasco de pimientos del piquillo
- 1 lata de bonito o de ventresca
- Aceite de oliva virgen extra
- Vinagre
- Sal

PREPARACIÓN

1. Les corto a los puerros las raíces y la parte verde, y los lavo bien bajo el chorro de agua del grifo.
2. Pongo una olla al fuego con abundante agua con sal y, cuando empieza a hervir, echo los puerros y los dejo cocer durante 15 minutos, hasta que están tiernos. Los saco, los escurro bien y los dejo enfriar.
3. Voy cortando los puerros por la mitad a lo largo, colocando en un plato una de las mitades y reservando la otra.
4. Sobre las mitades que tengo en el plato, distribuyo un par de pimientos del piquillo y unas lascas de bonito o de ventresca. Entonces, tapo con las otras mitades.
5. Hago una vinagreta batiendo un chorro de aceite de oliva virgen extra con un poco de vinagre y un poco de sal, y riego con ella los puerros antes de servir.

mis trucos

A veces, añado a la vinagreta un huevo cocido picado.

También preparo una versión caliente de este plato, sin vinagreta. Una vez cocidos los puerros, los relleno con lonchas de jamón ibérico y queso de oveja, espolvoreo con un poco de queso rallado y los meto al horno a gratinar.

Porrusalda con bacalao

INGREDIENTES

- 4 puerros
- 4 patatas
- 3 zanahorias
- 1 cebolla
- 250 g de bacalao desmigado y desalado
- 1 litro de caldo de verduras, de pescado o de pollo
- Aceite de oliva virgen extra
- Sal

PREPARACIÓN

1. En una cazuela, echo un poco de aceite de oliva virgen extra y, cuando está caliente, agrego la cebolla picada fina con un poco de sal y rehogo durante unos minutos, solo hasta que se pone tierna, sin que coja color.
2. Entonces, añado los puerros, a los que he retirado las raíces y la parte verde, limpios y cortados en secciones de 2 cm, y rehogo durante un par de minutos más. Añado también las zanahorias, peladas y cortadas en rodajas, y las patatas, peladas y chascadas. Echo un poco de sal y cubro las verduras con el caldo.
3. Cuando empieza a hervir, bajo el fuego y cocino durante unos 25 minutos, hasta que las patatas están tiernas.
4. En ese momento, añado las migas de bacalao, remuevo un poco y dejo que se haga todo junto durante 5 minutos más.

mi truco

La porrusalda clásica se prepara del mismo modo pero sin añadir el bacalao. A mí me gusta ponérselo porque queda muy bien y consigo, así, un plato completo.

mi sugerencia

Si sobra porrusalda y no queremos repetir plato al día siguiente, además de congelarla para tenerla lista para otro día, cosa que hago muy a menudo, también podemos triturarla muy bien con la batidora, añadiendo un poco de caldo, si queda muy espesa, y servirla como una crema con dados de pan tostado por encima.

Parrillada de verduras gratinadas

INGREDIENTES

- 400 g de calabacines
- 400 g de patatas
- 200 g de tomates cherry
- 1 berenjena
- 1 cebolla
- 1 rulo de queso de cabra
- 2 cucharaditas de orégano
- ½ vaso de agua
- Aceite de oliva virgen extra
- Sal y pimienta negra

PREPARACIÓN

1. Precaliento el horno a 180 ºC.
2. Pelo las patatas y la cebolla y las corto en rodajas finas. Corto los calabacines y la berenjena en rodajas un poco más gruesas, sin pelarlos. Corto el tomate en dados.
3. Coloco todas las verduras en una fuente grande que pueda ir al horno y espolvoreo por encima el orégano, la sal y la pimienta negra.
4. Las riego con un hilo de aceite de oliva virgen extra y añado medio vaso de agua.
5. Mezclo todo bien y lo meto al horno a 180 ºC durante 1 hora y 15 minutos, más o menos. Si veo que se seca mucho, agrego un poco más de agua.
6. Saco la fuente del horno, distribuyo por encima de las verduras el queso de cabra desmenuzado y meto de nuevo al horno a gratinar, a máxima potencia, hasta que la superficie del queso está dorada.

mi truco

Si lo prefieres, puedes sustituir el queso de cabra por queso feta.

mi sugerencia

No es necesario hacer esta receta con todas las verduras. La he hecho tan solo con patata, cebolla y calabacín y queda muy rica también.

Coles de Bruselas con manzana

INGREDIENTES

- 500 g de coles de Bruselas
- 1 cebolla
- 1 manzana golden
- 2 lonchas de jamón serrano
- Aceite de oliva virgen extra
- Sal y pimienta negra

PREPARACIÓN

1. Lo primero que hago es limpiar bien las coles, cortando un poco del tronco y retirando las hojas que estén amarillas.
2. Pongo una olla al fuego con abundante agua con sal y, cuando empieza a hervir, añado las coles y las cuezo, destapadas, durante 10 minutos. Aparto del fuego, las escurro y las reservo.
3. Pongo una sartén al fuego con un poco de aceite de oliva virgen extra y, cuando está caliente, frío la cebolla picada. Cuando está dorada, añado el jamón serrano cortado en tiras y frío también hasta que se dore.
4. Entonces, añado a la sartén la manzana pelada y cortada en dados, las coles de Bruselas, un poco de sal y pimienta, y lo salteo todo junto durante 5 minutos.

mi sugerencia

También hago coles de Bruselas al horno. No hay más que cortarlas por la mitad, mezclarlas con pimentón, comino, ajo en polvo y aceite de oliva, y hornear a 200 ºC durante 25 minutos.

mi truco

A veces espolvoreo una cucharadita de tomillo en el mismo momento que echo la manzana.

Pastel de berenjenas con jamón y queso

INGREDIENTES

- 1 berenjena grande
- 8 lonchas de jamón cocido
- 8 lonchas de queso
- 2 puñados de queso *mozzarella* rallado
- 2 cucharadas de orégano seco
- ½ cucharadita de ajo en polvo
- Aceite de oliva virgen extra

PREPARACIÓN

1. Precaliento el horno a 225 ºC.
2. Corto la berenjena en rodajas muy finas y las seco apretándolas entre dos trozos de papel de cocina.
3. Engraso una fuente con un poco de aceite de oliva y coloco un tercio de las rodajas de berenjena.
4. Cubro con la mitad de las lonchas de jamón cocido y pongo encima la mitad de las lonchas de queso. Cubro la capa de queso con otra capa de rodajas de berenjena, otra de jamón cocido y otra de queso, y finalizo con una última capa de rodajas de berenjena.
5. Distribuyo por encima la *mozzarella* rallada, el orégano y el ajo en polvo y meto al horno a 225 °C, con calor arriba y abajo, durante 25 minutos.
6. A mitad de cocción, abro el horno y cubro la fuente con papel de aluminio.
7. Apago el horno y dejo reposar el pastel dentro durante 20 minutos antes de servir.

mi truco

Se puede comer caliente, pero como más me gusta es templado, dejándolo reposar unos 30 minutos una vez fuera del horno.

Espinacas gratinadas con queso de cabra

INGREDIENTES

- 600 g de espinacas frescas o congeladas
- 2 dientes de ajo
- 1 bote de leche evaporada
- 1 rulo de queso de cabra
- Aceite de oliva virgen extra
- Sal y pimienta negra

PREPARACIÓN

1. Si utilizo espinacas congeladas, el día anterior las paso a la nevera o bien, el mismo día, las descongelo previamente en el microondas.
2. Precaliento el horno para gratinar.
3. En una sartén con un poco de aceite de oliva virgen extra, frío los dientes de ajo picados hasta que empiezan a dorarse. Entonces, añado las espinacas y rehogo durante unos minutos hasta que pierdan volumen.
4. Agrego la leche evaporada, sal y pimienta negra, y dejo reducir durante 15 minutos.
5. Vierto todo en una cazuela o un recipiente que pueda ir al horno, distribuyo por encima el rulo de cabra cortado en rodajas y lo meto al horno precalentado a máxima potencia, a gratinar, hasta que el queso está dorado.

mis sugerencias

Si no tengo rulo de cabra, a veces le pongo otros quesos, como mozzarella o queso parmesano espolvoreado por encima.

También sirvo las espinacas sin gratinar. En este caso, añado el queso a la sartén en el último momento y remuevo hasta que se deshaga.

Espinacas con garbanzos y comino

INGREDIENTES

- 500 g de espinacas frescas o congeladas
- 1 bote de garbanzos cocidos
- 2 dientes de ajo
- 2 rebanadas de pan
- 2 cucharaditas de pimentón dulce
- ½ cucharadita de comino molido o en grano
- 1 cucharada de vinagre de Jerez o de vino
- Aceite de oliva virgen extra
- Sal

PREPARACIÓN

1. Si utilizo espinacas congeladas, el día anterior las paso a la nevera o bien las descongelo previamente en el microondas el mismo día.
2. Pongo una olla al fuego con abundante agua y un poco de sal, echo las espinacas y las cuezo durante 10 minutos. Saco las espinacas escurridas y reservo un poco del caldo de la cocción.
3. Pongo una sartén grande al fuego con un poco de aceite de oliva virgen extra y, cuando está caliente, echo los dientes de ajo enteros y pelados y las rebanadas de pan. Dejo que se dore todo y lo echo a un mortero. Añado el comino y el vinagre, y lo machaco hasta obtener una pasta.
4. Cuando el aceite de la sartén se ha templado un poco, echo el pimentón, lo remuevo bien y lo vierto también en el mortero.
5. Mezclo bien la pasta del mortero y la echo de nuevo a la sartén junto con las espinacas y los garbanzos. Remuevo y cocino a fuego lento durante 10 minutos. Si veo que se queda demasiado espeso, agrego un poco del caldo de cocción que reservé.
6. Pruebo por si tengo que rectificar de sal y sirvo caliente o templado.

mis sugerencias

Si no tengo mortero, echo el ajo y el pan fritos, el comino y el vinagre en un vaso y los trituro con la batidora.

A veces hago la misma receta con acelgas en lugar de espinacas.

Legumbres

LAS RECETAS CON LAS QUE CONSEGUIRÁS TU CAMBIO

Las legumbres son una joya de la alimentación. Están llenas de nutrientes y podemos utilizarlas de mil formas: desde guisos o potajes hasta ensaladas, cremas o acompañamientos.

Te dejo algunas de las recetas que más hago en casa y te sugiero que cada semana elijas una o dos para prepararlas en la tuya.

Alubias con almejas

INGREDIENTES

- 400 g de alubias
- 300 g de almejas
- 1 cebolla
- 1 diente de ajo
- 1 hoja de laurel
- ½ vaso de vino blanco
- 1 guindilla
- 2 cucharadas de perejil fresco
- Aceite de oliva virgen extra
- Sal

PREPARACIÓN

1. La noche anterior pongo las alubias en remojo en abundante agua fría.
2. A la mañana siguiente, las escurro y las echo en una cazuela. Las cubro con agua fría y añado media cebolla sin picar, la hoja de laurel y un hilo de aceite de oliva virgen extra.
3. Pongo la cazuela al fuego y, cuando empieza a hervir, retiro la espuma que sube a la superficie. Bajo el fuego y dejo cocer a fuego medio durante 2 horas. Si durante este tiempo el agua se evapora demasiado, agrego un poco más de agua fría hasta cubrirlas de nuevo.
4. Cuando las alubias ya están tiernas, saco la cebolla, la echo en un vaso de batidora junto con un poco del caldo de cocción, la trituro bien y la echo de nuevo a la cazuela.
5. Mientras, he dejado las almejas en remojo en agua fría con sal durante 30 minutos. Las lavo y las echo en otra cazuela. Agrego el vino blanco, tapo la cazuela y cocino unos minutos hasta que se abran. Saco las almejas y cuelo el caldo de cocción con un colador de tela por si tuviera algo de arena. Las reservo.
6. Pongo una sartén al fuego con un poco de aceite de oliva virgen y, cuando está caliente, frío la otra media cebolla y el ajo picados junto con la guindilla, hasta dorarlos.
7. Añado las almejas y su caldo colado a la sartén, espolvoreo el perejil picado, lo mezclo y lo echo todo a la cazuela con las alubias.
8. Remuevo, pruebo para añadir más sal si hiciera falta y cocino todo junto durante 10 minutos, meneando de vez en cuando la cazuela para ligar la salsa sin que se rompan las alubias.

mi truco

Para ahorrar tiempo, a veces, cuezo las alubias en la olla exprés y, una vez cocidas, termino la receta igual.

Lentejas estofadas con majado

INGREDIENTES

- 500 g de lentejas (yo uso de tipo pardina)
- 1 cebolla
- 1 tomate
- 2 dientes de ajo
- 2 cucharaditas de sal
- 1 puñado de perejil fresco
- Aceite de oliva virgen extra

PREPARACIÓN

1. La noche anterior, pongo las lentejas en un bol grande, las cubro con abundante agua y las dejo en remojo toda la noche.
2. Al día siguiente, echo en el fondo de una olla exprés un chorro de aceite de oliva virgen extra y, cuando está caliente, agrego la cebolla picada y frío a fuego medio hasta que se dore. Echo entonces el tomate troceado, remuevo durante un par de minutos e incorporo las lentejas bien escurridas.
3. Agrego agua hasta sobrepasarlas unos tres dedos, cierro la olla y cocino a fuego medio, una vez que haya subido la pesa, durante 10 minutos. Apago el fuego y espero a que se pueda abrir la olla.
4. Mientras, machaco en un mortero los dientes de ajo pelados junto con el perejil fresco y la sal. Agrego un poco de aceite de oliva virgen extra, lo mezclo bien y lo echo a la olla de las lentejas.
5. Remuevo, pruebo por si tuviera que rectificar de sal y lo dejo cocer todo junto durante unos 5 minutos más.

mi sugerencia

Si no tengo olla exprés, las hago en una cazuela, tapadas, a fuego medio, durante unos 40 minutos o hasta que están tiernas.

mis trucos

Para darle al plato sabores diferentes, algunos días le pongo una hoja de laurel o añado al sofrito media cucharadita de comino y/o de pimentón dulce.

A veces añado otras verduras que tengo en casa, como patata, zanahoria y calabacín. Lo troceo todo en dados y lo añado a la vez que el tomate.

Si han sobrado lentejas, al día siguiente las pongo en un cazo al fuego, añado leche suficiente y mezclo bien. Dejo que empiece a hervir, trituro con la batidora, condimento con sal y pimienta y tengo lista una riquísima crema de lentejas.

Lentejas al curry

INGREDIENTES

- 500 g de lentejas
- 2 cebollas
- 1 diente de ajo
- 2 hojas de laurel
- 1 manzana golden
- ½ cucharadita de tomillo
- 1 cucharada de *curry*
- Aceite de oliva virgen extra
- Sal

PREPARACIÓN

1. El día anterior, pongo las lentejas en remojo.
2. Al día siguiente, las escurro y las echo en una olla con una de las cebollas y el diente de ajo pelados, las hojas de laurel y un poco de sal. Cubro con agua y dejo cocer a fuego medio durante 40 minutos o hasta que las lentejas están tiernas.
3. Mientras, pongo una sartén al fuego con un poco de aceite de oliva virgen extra y, cuando está caliente, echo la otra cebolla picada muy fina y un poco de sal, y frío hasta que comienza a dorarse. Entonces, añado la manzana, pelada y cortada en dados pequeños, y rehogo unos minutos hasta que se ablande un poco.
4. Agrego el tomillo y el *curry*, remuevo bien y vierto el contenido de la sartén en la olla con las lentejas que ya están hechas. Remuevo todo y dejo al fuego durante 5 minutos más.

mi truco

Yo siempre pongo las lentejas en remojo la noche anterior porque me parece que quedan mejor, pero alguna vez que se me ha pasado, las he hecho directamente sin remojar y quedan bien también.

mi sugerencia

Si necesito hacerlas en menos tiempo aún, utilizo la olla exprés para cocinar las lentejas, que se hacen en 10 minutos.

Garbanzos estofados con verduras y majado

INGREDIENTES

- 500 g de garbanzos
- 1 pimiento rojo
- 2 zanahorias
- 1 calabacín
- 4 dientes de ajo
- 1 puñado de perejil fresco
- Aceite de oliva virgen extra
- Sal

PREPARACIÓN

1. La noche anterior, pongo los garbanzos en un bol, los cubro con agua y los dejo en remojo durante toda la noche.
2. Al día siguiente, lleno la olla exprés de agua hasta la mitad, la pongo al fuego y, cuando empieza a hervir, agrego los garbanzos escurridos, el pimiento rojo, las zanahorias y el calabacín pelado, cortado todo en trozos pequeños.
3. Tapo la olla y, una vez que ha subido la pesa, lo dejo cocer a fuego medio durante 20 minutos.
4. Mientras, en un mortero, machaco los dientes de ajo con el perejil fresco, una cucharadita de sal y un chorro de aceite de oliva virgen extra y lo mezclo todo bien.
5. Cuando se pueda abrir la olla, echo el majado a los garbanzos y dejo que hierva todo junto, a fuego lento, durante 30 minutos más.

mi truco

Si veo que el caldo no ha quedado muy ligado, saco de la olla un par de cucharones de garbanzos con un poco de caldo, los echo en el vaso de la batidora, lo trituro bien y lo devuelvo de nuevo a la olla, para que termine de cocinarse todo junto y espese un poco más.

mis sugerencias

Si no tengo olla exprés, los hago de la misma forma en una olla normal hasta que estén tiernos. Llevará unas 2 horas.

Como todos los guisos, al día siguiente de haberlos cocinado están aún más ricos, así que, si tengo ocasión, los preparo el día anterior.

Garbanzos con espinacas y bacalao

INGREDIENTES

- 400 g de garbanzos
- 400 g de bacalao desalado en su punto de sal
- 300 g de espinacas tiernas
- 2 huevos
- 2 dientes de ajo
- 2 tomates pera
- 1 cebolla
- 1 hoja de laurel
- 1 cucharadita de pimentón dulce
- Aceite de oliva virgen extra
- Sal

PREPARACIÓN

1. El día anterior, dejo los garbanzos en remojo.
2. Al día siguiente, pongo la olla exprés al fuego con abundante agua con sal y, cuando empieza a hervir, añado los garbanzos escurridos, la cebolla pelada y cortada a la mitad y la hoja de laurel. Tapo y cocino durante 20 minutos, una vez que haya subido la pesa.
3. Mientras, pongo los huevos en un cazo con agua al fuego y cuezo durante 10 minutos. Espero a que enfríen y los pelo.
4. Por otro lado, caliento un poco de aceite de oliva virgen extra en una cazuela y echo los dientes de ajo laminados. En cuando toman color, añado el pimentón, remuevo rápido, echo los tomates troceados y un poco de sal, y sofrío durante 5 minutos. Entonces, echo las espinacas y remuevo.
5. Cuando se puede abrir la olla, saco los garbanzos y reservo el caldo de cocción.
6. Añado los garbanzos a la cazuela con las espinacas y el bacalao troceado, y agrego el caldo de los garbanzos solo hasta cubrir.
7. Lo dejo cocer todo junto durante 10 minutos. Pruebo por si tengo que rectificar de sal y, en el momento de servir, incorporo los huevos cocidos cortados en cuartos.

mis trucos

A veces añado media cucharadita de comino a la vez que el pimentón.

Cuando quiero preparar una versión rápida, utilizo un frasco de garbanzos cocidos.

Guisantes con jamón y huevos

INGREDIENTES

- 400 g de guisantes congelados
- 1 cebolla
- 2 dientes de ajo
- 100 g de tacos de jamón serrano
- 4 huevos
- 1 hoja de laurel
- 1 cucharada de pimentón dulce
- Aceite de oliva virgen extra
- Sal

PREPARACIÓN

1. Pongo una cazuela al fuego, mediada de agua, y agrego una hoja de laurel y un poco de sal.
2. Cuando el agua empieza a hervir, echo los guisantes congelados y cocino durante 20 minutos a fuego medio. Una vez estén tiernos, si aún tienen demasiada agua, retiro un poco.
3. Mientras, pongo una sartén al fuego con un poco de aceite de oliva virgen extra y, cuando está caliente, echo la cebolla y los ajos, picado todo fino, y frío hasta que empiece a coger color.
4. Entonces, añado los tacos de jamón serrano a la sartén, remuevo, agrego el pimentón y vuelvo a remover.
5. Echo el sofrito sobre los guisantes que tengo en la cazuela. Lo mezclo todo bien y lo pruebo por si necesitan un poco más de sal. Lo dejo hervir todo junto a fuego medio durante 5 minutos más.
6. Con una cuchara, abro cuatro huecos entre los guisantes y echo un huevo en cada uno. Tapo la cazuela y dejo durante 3 o 4 minutos más hasta que se cuajen las claras.

mis trucos

Casi siempre hago esta receta así, pero alguna vez, por variar, en lugar de echar los huevos enteros, los bato todos juntos en un bol y los echo al final sobre los guisantes. Remuevo con un tenedor, a fuego bajo, de modo que quedan como unos huevos revueltos.

A veces, utilizo pimentón picante en lugar de dulce, que también nos gusta mucho.

mi sugerencia

Algunas veces añado un par de patatas cortadas en dados pequeños a la vez que los guisantes para hacer un plato más completo aún. Además le dan un toque muy bueno.

Garbanzos fritos con pimentón y jamón

INGREDIENTES

- 1 bote de garbanzos cocidos
- 1 cebolla pequeña
- 1 cucharada de pimentón dulce o picante
- 100 g de jamón serrano en tacos
- Aceite de oliva virgen extra
- Sal

PREPARACIÓN

1. Pongo una sartén al fuego con un poco de aceite de oliva virgen extra y, cuando está caliente, echo la cebolla muy picada y un poco de sal y dejo que tome color. Cuando está dorada, añado los tacos de jamón y remuevo.

2. Entonces, echo el pimentón, remuevo rápido y añado los garbanzos junto con el líquido de la conserva. Lo mezclo todo y dejo que se vaya evaporando el líquido, a fuego medio, durante 10 minutos.

mi truco

Muchas veces, añado a esta receta una lata de callos y queda un plato estupendo. En ese caso, no echo ni jamón ni pimentón porque los suele traer la conserva.

mi sugerencia

Cuando me sobran garbanzos de un cocido, al día siguiente también los preparo así en lugar de utilizar una conserva. En ese caso, si sobra carne del cocido, la deshilacho y la añado en lugar de los tacos de jamón.

Carnes y aves

LAS RECETAS CON LAS QUE CONSEGUIRÁS TU CAMBIO

El pollo y las partes magras de la ternera y del cerdo son las carnes que más consumimos en casa. Nos aportan proteínas sin un exceso de grasas poco saludables. Desde estofados tradicionales hasta salteados rápidos, acompañados de arroz o patatas y, siempre, con una buena ensalada, tenemos una comida completa y equilibrada para toda la familia.

Pollo a la leche

INGREDIENTES

- 1 pollo
- 600 ml de leche
- La ralladura de 2 limones
- 10 dientes de ajo
- 1 rama de canela
- 1 cucharadita de romero seco
- Aceite de oliva virgen extra
- Sal y pimienta negra

PREPARACIÓN

1. Precaliento el horno a 190 ºC.
2. Lo primero que hago es retirar, con ayuda de unas tijeras, toda la grasa visible del pollo. Después, lo condimento bien con sal y pimienta.
3. Pongo una cazuela grande al fuego con un chorro de aceite de oliva virgen extra y, cuando está caliente, meto el pollo y lo doro por ambos lados. Cuando ya está dorado, lo saco y retiro toda la grasa de la cazuela.
4. Echo de nuevo el pollo a la cazuela, lo riego con la leche y añado la rama de canela, los dientes de ajo enteros con su piel, el romero y la ralladura de los limones, todo distribuido por la cazuela.
5. Lo tapo y lo meto en el horno a 190 ºC con calor arriba y abajo durante 45 minutos. Durante este tiempo, saco un par de veces la cazuela del horno para regar el pollo con la salsa que se va creando y la meto de nuevo.
6. Pasados los primeros 45 minutos, retiro la tapa de la cazuela y lo dejo en el horno durante 30 minutos más.
7. Cuando ya está hecho, saco el pollo de la cazuela, lo pongo en una fuente, echo la salsa en una jarra y la dejo reposar unos minutos para que la grasa suba a la superficie. Retiro la grasa con una cuchara y echo la salsa ya desgrasada por encima del pollo.
8. Sirvo el pollo con patatas.

mi sugerencia

Si no tengo una cazuela con tapa que pueda ir al horno, una vez dorado, lo pongo en una fuente de horno y la tapo con papel de aluminio.

Pechugas especiadas con pasas y almendras

INGREDIENTES

- 2 pechugas de pollo
- 4 tomates
- 1 cebolla
- 1 pimiento verde
- 2 zanahorias
- 1 puñado de almendras
- 1 puñado de uvas pasas
- 1 cucharadita de *curry*
- 1 cucharadita de comino molido
- ½ cucharadita de canela
- 1 vaso de agua
- Aceite de oliva virgen extra
- Sal y pimienta negra

PREPARACIÓN

1. Pongo una cazuela al fuego con un chorro de aceite de oliva virgen extra y, cuando está caliente, añado la cebolla, el pimiento verde y las zanahorias, todo picado. Echo un poco de sal y sofrío unos 15 minutos a fuego medio hasta que las verduras están tiernas.
2. Añado los tomates picados y sigo friendo todo junto otros 15 minutos.
3. Mientras, retiro con unas tijeras toda la grasa del pollo y lo corto en dados grandes. Lo condimento con sal y pimienta y lo agrego a la cazuela.
4. Agrego las almendras, las uvas pasas, el comino, el *curry* y la canela, remuevo bien y riego con el vaso de agua.
5. Lo mezclo y, cuando empieza a hervir, bajo el fuego y cocino a fuego medio durante unos 25 minutos, hasta que el caldo haya reducido. Lo sirvo con arroz.

mi sugerencia

Se puede hacer la misma receta con otras partes del pollo, con pavo o con carne magra de cerdo.

mi truco

A veces, cambio las almendras por anacardos y las uvas pasas por ciruelas o higos.

Pollo guisado con patatinas

INGREDIENTES

- 1 pollo
- 2 patatas
- 1 cebolla
- 3 dientes de ajo
- ½ vaso de vino blanco
- 1 vaso de agua
- 1 manojo de perejil fresco
- Aceite de oliva virgen extra
- Sal

PREPARACIÓN

1. Pido en la carnicería que me troceen un pollo entero como para hacer al ajillo. En casa, limpio los trozos de pollo, retirando toda la grasa visible con ayuda de unas tijeras, y los salo.
2. En una sartén con aceite de oliva virgen extra, frío el pollo, dando la vuelta a los trozos para que se vayan haciendo por todos los lados. A medida que se van dorando, los voy sacando y los voy echando en la olla exprés.
3. En la misma sartén, retiro gran parte del aceite porque solo se necesitan un par de cucharadas y frío la cebolla picada hasta que esté bien dorada.
4. Por otro lado, en un mortero, hago un majado con los dientes de ajo pelados, el perejil y un poco de sal. Agrego el vino blanco y remuevo.
5. Cuando la cebolla está dorada, echo en la sartén el majado, remuevo y lo vuelco todo sobre el pollo, en la olla exprés.
6. Trisco las patatas, rompiéndolas con un cuchillo, o bien hago bolitas con un sacabocados, y las añado a la olla.
7. Agrego el agua, un poco más de sal y mezclo todo. Cierro la olla y cocino durante 25 minutos a fuego medio.

mi truco

Cuando lo hago sin patatas, si sobra algún trozo de pollo, al día siguiente lo desmenuzo, lo echo en un recipiente junto con dos zanahorias cortadas en dados, medio vaso de guisantes congelados, un vaso de arroz y dos vasos de caldo de pollo, lo meto en el microondas a máxima potencia durante 20 minutos y apaño un arroz riquísimo.

mis sugerencias

A veces hago esta misma receta pero sin patatas, guisando solo el pollo. En este caso, utilizo solo medio vaso de agua.

Si no tengo olla exprés, preparo esta receta en una cazuela, echando más agua (unos dos vasos o un poco más). Tapo y cocino a fuego medio hasta que el pollo esté tierno, 1 hora y media aproximadamente.

Pollo con berenjenas al *curry*

INGREDIENTES

- 6 filetes de pechuga de pollo
- 2 berenjenas
- 1 cebolla
- ½ vaso de agua
- 1 puñado de uvas pasas
- 2 cucharaditas de *curry*
- Aceite de oliva virgen extra
- Sal

PREPARACIÓN

1. Corto las berenjenas por la mitad a lo largo y hago unas incisiones con un cuchillo por toda la pulpa. Las meto en un recipiente con tapa que pueda ir al microondas y las cocino durante 10 minutos.
2. Cuando están hechas, saco la pulpa de las berenjenas con la ayuda de una cuchara y desecho las pieles.
3. Mientras, voy cortando con unas tijeras los filetes de pechuga de pollo en trozos «de bocado», los salo un poco y los reservo.
4. En una sartén con un poco de aceite de oliva virgen extra, echo la cebolla cortada en medias lunas finas y un poco de sal, y frío hasta que esté bien dorada.
5. Añado entonces los trozos de pollo, la pulpa de la berenjena ya cocinada, las uvas pasas y el *curry* al sofrito.
6. Mezclo todo, echo el medio vaso de agua, remuevo de nuevo, tapo y cocino a fuego medio durante 15 minutos.

mis trucos

Suelo acompañar de un arroz blanco, que hago al microondas como os cuento en la receta de los calamares en su tinta (pág. 188).

Si lo prefieres, puedes sustituir las uvas pasas por ciruelas pasas o dátiles troceados.

mi sugerencia

Suelo cocinar las berenjenas en el microondas, pero si no dispongo de él, las aso de la misma forma en el horno a 200 ºC durante unos 40 minutos.

Costillas guisadas con orégano

INGREDIENTES

- 12 costillas de cerdo
- 1 chorro de vinagre de manzana
- 2 cucharadas de orégano seco
- Aceite de oliva virgen extra
- Sal

PREPARACIÓN

1. Pongo una cazuela al fuego con un poco de aceite de oliva virgen extra y, cuando está bien caliente, distribuyo las costillas por todo el fondo. Las frío por un lado hasta que están bien doradas y les doy la vuelta para que se doren por el otro lado.
2. Entonces, añado sal y un buen chorro de vinagre y espolvoreo el orégano por encima.
3. Bajo el fuego, tapo la cazuela y cocino a fuego muy lento, dándoles la vuelta a las costillas de vez en cuando, hasta que estén muy tiernas y la carne se desprenda sola del hueso. Llevará entre 30 y 40 minutos.

mis trucos

Suelo echar un chorro de vinagre a muchos guisos de carne porque las ablanda y quedan muy tiernas.

mi sugerencia

Al dorar primero las costillas a fuego fuerte conseguimos realzar todo el sabor, y cocinándolas después a fuego muy lento, hacemos que queden tiernas y jugosas.

Este mismo método de cocinado lo utilizo, por ejemplo, con pechugas de pollo o pavo enteras, y quedan también deliciosas.

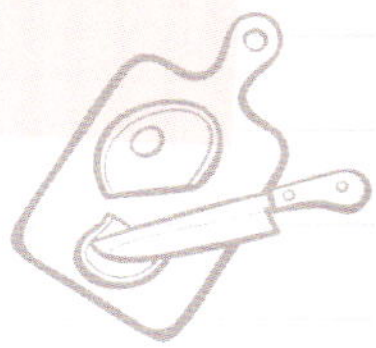

Pastel de berenjenas con carne picada

INGREDIENTES

- 2 berenjenas
- 1 cebolla
- 300 g de carne picada mixta
- 1 frasco de tomate pelado y troceado
- 2 cucharadas de queso rallado
- Aceite de oliva virgen extra
- Sal y pimienta negra

PREPARACIÓN

1. Corto las berenjenas en rodajas de un centímetro y las pongo en una fuente de cristal con tapa. Las meto al microondas a máxima potencia durante 8 minutos.
2. Mientras, en una sartén con un poco de aceite de oliva virgen extra, frío la cebolla picada hasta que está tierna. Entonces, echo la carne picada y le doy unas vueltas hasta que cambia de color.
3. Añado el bote de tomate troceado, un poco de sal y pimienta, y cocino todo junto durante 10 minutos más.
4. Saco las berenjenas del microondas, les echo por encima la carne con el tomate, espolvoreo el queso rallado y lo meto todo en el microondas de nuevo durante 2 minutos para que el queso se deshaga.

mis sugerencias

Si no tengo una fuente con tapa para asar las berenjenas, la tapo con papel film apto para microondas y le hago unos agujeros por la superficie con un cuchillo.

También se puede preparar esta receta al horno. Se asan las berenjenas a 200 ºC durante unos 20 minutos y, una vez están, se les echa por encima la carne con el tomate y el queso rallado, y se meten durante 5 minutos más a gratinar.

Albóndigas en salsa de cebolla

INGREDIENTES

PARA LAS ALBÓNDIGAS

- 500 g de carne picada mezcla de ternera y cerdo
- 1 huevo
- 1 diente de ajo
- 1 puñado de perejil fresco
- 1 puñado de miga de pan
- Leche para remojar
- Harina
- Sal y pimienta negra

PARA LA SALSA

- 3 cebollas
- 500 ml de caldo de pollo
- Aceite de oliva virgen extra
- Sal

PREPARACIÓN

1. Pongo en un bol la carne picada y añado el huevo, la miga de pan que he remojado primero en un poco de leche y he escurrido, el ajo que he machacado en un mortero con el perejil y la sal, y un poco de pimienta. Lo mezclo todo con las manos.
2. Voy cogiendo porciones pequeñas de carne, con las manos mojadas para manejarla bien, les doy forma redondeada a las albóndigas y las paso por harina.
3. Sacudo bien la harina de las albóndigas y las voy friendo a fuego medio en una sartén que tengo al fuego con aceite de oliva virgen extra, ya caliente. Les voy dando la vuelta a medida que se vayan dorando por un lado, para que se doren también por el otro. A medida que van estando, las voy sacando a un plato que tengo cubierto con papel de cocina, para que dejen el exceso de aceite.
4. Una vez están todas las albóndigas, retiro de la sartén casi todo el aceite y, en el poco que queda, frío la cebolla, bien picada, con un poco de sal, hasta que está bien tierna y dorada.
5. Entonces echo el caldo a la cebolla y cocino durante 10 minutos más. Vierto la salsa en un recipiente y la trituro con la batidora.
6. Pongo una cazuela al fuego, echo la salsa y las albóndigas y dejo cocer todo junto durante 15 minutos más.

mi sugerencia

La salsa se puede triturar o no, según vuestro gusto. Yo, aunque la triture, suelo sacar un par de cucharadas de la cebolla frita y la incorporo al final a la cazuela, porque nos gusta encontrarnos algún trozo de cebolla.

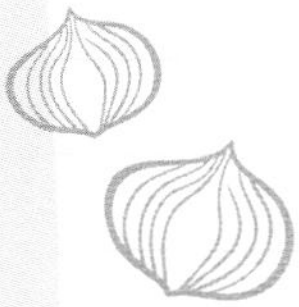

mi truco

Para enharinar las albóndigas con facilidad, puedes ayudarte de un vaso y un colador. Echas un poco de harina en un vaso, metes la albóndiga y lo agitas para cubrirla bien. Luego, la sacudes en un colador para retirar el exceso de harina.

Hígado encebollado

INGREDIENTES

- 500 g de hígado de ternera
- 2 cebollas
- 2 dientes de ajo
- 1 guindilla seca o cayena
- Aceite de oliva virgen extra
- Sal

PREPARACIÓN

1. Pido en la carnicería que, si es posible, me den el hígado ya cortado en dados y limpio de telillas. Si no, lo hago yo en casa.
2. Pongo el hígado en un recipiente, le añado los ajos picados, lo tapo y lo reservo en la nevera para que vaya cogiendo sabor.
3. Corto las cebollas en tiras finas o las pico fino.
4. Pongo una sartén grande al fuego con un poco de aceite de oliva virgen extra y frío la cebolla con un poco de sal y la guindilla, a fuego medio, hasta que esté tierna y dorada.
5. Cuando la cebolla está hecha, la saco a un plato y pongo de nuevo la sartén al fuego, esta vez a fuego fuerte.
6. Agrego un poco más de aceite a la sartén si hiciera falta y salteo el hígado con el ajo a fuego fuerte hasta que cambie de color. Añado sal y frío un poco más hasta que se dore bien.
7. Entonces incorporo la cebolla pochada al hígado, lo mezclo todo y sirvo con patatas fritas.

mi truco

Es muy importante salar el hígado una vez ya ha cambiado de color. Si lo haces antes te quedará duro.

mi sugerencia

Las guindillas le dan un toque picante al plato pero, si lo prefieres, puedes no echárselas.

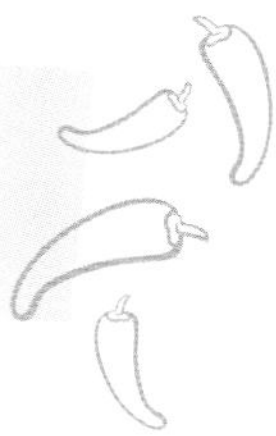

Ternera guisada al *curry*

INGREDIENTES

- 800 g de carne de ternera para guisar
- 2 cebollas
- 2 dientes de ajo
- 1 puñado de uvas pasas
- 1 chorro de vinagre
- 2 cucharadas de *curry*
- 1 vaso y ½ de agua
- Aceite de oliva virgen extra
- Sal

PREPARACIÓN

1. Retiro, con ayuda de unas tijeras, toda la grasa visible de la carne y, si hubiera algún trozo demasiado grande, lo corto en dos.
2. Pongo una olla al fuego con un poco de aceite de oliva virgen extra y, cuando está caliente, frío la carne a fuego fuerte hasta que cambia de color. Bajo a fuego medio, agrego los ajos y las cebollas picado todo fino y rehogo durante 20 minutos.
3. Añado las uvas pasas, el vinagre, el *curry*, un poco de sal y el agua, y dejo que comience a hervir. Entonces, bajo un poco más el fuego, tapo y cocino a fuego lento durante 1 hora y media hasta que la carne está tierna. Si durante la cocción se queda la salsa muy seca, agrego un poco más de agua.
4. Lo sirvo acompañado de arroz blanco o patatas fritas.

mi truco

A veces preparo esta receta en la olla exprés para ahorrar tiempo. Lo hago igual, pero echando solo medio vaso de agua porque se evapora menos durante la cocción.

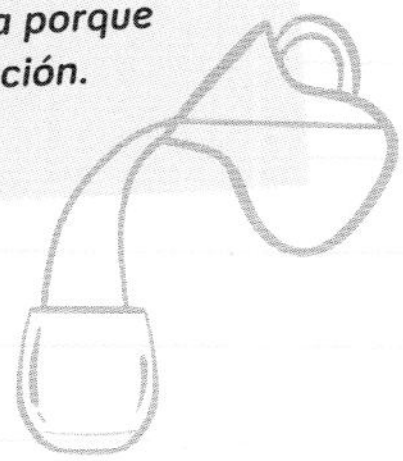

mi sugerencia

En lugar de hacer las patatas aparte como acompañamiento, a veces, troceo un par de patatas con un sacabocados y las echo en la olla cuando quedan 25 minutos. Eso sí, si voy a hacerlo, cuando toca añadir el agua, echo un vaso más.

Ternera con champiñones

INGREDIENTES

- 600 g de filetes de ternera
- 1 cebolla
- 1 diente de ajo
- 2 cucharadas de salsa de tomate o de tomate triturado
- 200 g de champiñones laminados
- 1 chorro de vino blanco
- Aceite de oliva virgen extra
- Sal y pimienta negra

PREPARACIÓN

1. Corto los filetes de ternera en tiras anchas.
2. Pongo una sartén al fuego con un chorro de aceite de oliva virgen extra y, cuando está caliente, frío las tiras de carne a fuego fuerte hasta que están doradas. Las saco y las reservo.
3. En el mismo aceite, o añadiendo un poco más si veo que es poco, frío la cebolla y el ajo picados hasta que cojan color.
4. Entonces, echo los champiñones, sal y pimienta, y lo rehogo todo hasta que se doren también. Añado el vino blanco y dejo que hierva un par de minutos.
5. Agrego la salsa de tomate, lo pruebo por si necesita un poco más de sal, lo mezclo todo bien, incorporo las tiras de carne que tenía reservadas, tapo y cocino a fuego lento durante 40 minutos.
6. Durante la cocción, destapo de vez en cuando y voy vigilando por si necesitara añadir un poco de agua.

mis trucos

También le da un punto de cremosidad muy rico si, en el último momento, le añado a la salsa un par de cucharadas de nata líquida.

Se puede hacer la misma receta con filetes de lomo de cerdo o con pechugas de pollo fileteadas.

Rabo de ternera guisado

INGREDIENTES

- 1 kg de rabo de ternera troceado
- 1 cebolla
- 2 dientes de ajo
- 1 pimiento verde
- 1 tomate
- 2 zanahorias
- 125 ml de *brandy*
- 1 vaso de vino blanco
- 1 hoja de laurel
- Aceite de oliva virgen extra
- Sal y pimienta negra

PREPARACIÓN

1. Retiro los trozos de grasa que pueda tener el rabo con ayuda de unas tijeras, condimento la carne con sal y pimienta y la reservo.
2. Pongo la olla exprés al fuego con un poco de aceite de oliva virgen extra y, cuando está caliente, echo la cebolla, el pimiento verde, los ajos, las zanahorias y el tomate, todo picado. Añado sal y sofrío durante unos minutos hasta que las verduras están tiernas.
3. Agrego el vino blanco y el *brandy* y dejo hervir durante 5 minutos para que se evapore el alcohol.
4. Entonces, incorporo la carne, la hoja de laurel y agua hasta cubrir, tapo la olla y cocino a fuego medio durante 40 minutos, desde que sube la pesa.
5. Cuando ya se puede abrir la olla, saco los trozos de carne, paso la salsa por el chino o el pasapurés y pruebo por si tengo que añadir más sal.
6. Incorporo de nuevo la carne y la salsa en la olla y lo dejo hervir todo junto, con la olla destapada, durante 5 minutos más.

mis sugerencias

Si no tengo olla exprés, lo hago en una cazuela, vigilando por si hay que añadir más agua. Llevará unas 3 horas.

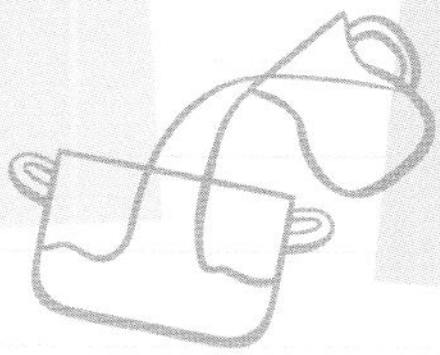

Como todos los guisos de carne, si lo preparas el día anterior, con el reposo se intensifican los sabores y estará aún más rico.

Lomo entomatado

INGREDIENTES

- 8 filetes de lomo de cerdo
- 3 dientes de ajo
- 1 cebolla
- 2 hojas de laurel
- ½ vaso de vino blanco
- 1 vaso de tomate triturado
- Aceite de oliva virgen extra
- Nuez moscada
- Sal
- Pimienta negra

PREPARACIÓN

1. Pongo una cazuela al fuego con un poco de aceite de oliva virgen extra y, cuando está caliente, echo los filetes de lomo cortados en tiras gruesas y los frío durante 5 minutos.

2. Cuando han cogido color, añado la cebolla y los dientes de ajo, picado todo muy fino, lo mezclo y lo sofrío todo junto, durante 10 minutos, con la cazuela tapada, removiendo de vez en cuando.

3. Entonces, echo el tomate triturado, las hojas de laurel, el vino blanco, medio vaso de agua y un poco de nuez moscada, lo tapo y lo dejo cocer a fuego lento durante 30 minutos más. De vez en cuando, destapo, remuevo un poco y vigilo por si tengo que añadir un poco más de agua.

4. Pasado este tiempo, agrego sal y pimienta, vuelvo a remover y dejo hervir destapado durante 10 minutos más.

Decorar los platos con unas hojas de hierbas frescas siempre es una opción estupenda porque aportan color y aroma. Como no suelen durarme mucho tiempo, las congelo y saco unas hojas cuando las quiero utilizar. Algunas de las que mejor aguantan en la congelación son el tomillo, el romero, el perejil y el cebollino.

mi truco

Lomo con setas

INGREDIENTES

- 500 g de filetes de lomo
- 1 cebolla
- 2 dientes de ajo
- ½ vaso de vino blanco
- 1 vaso de agua
- 1 bolsa de setas variadas congeladas
- 1 hoja de laurel
- Aceite de oliva virgen extra
- Sal y pimienta negra

PREPARACIÓN

1. Pongo una cazuela baja al fuego con un chorro de aceite de oliva virgen extra y, cuando está bien caliente, frío los filetes de lomo, solo vuelta y vuelta, para sellarlos. Los voy sacando a un plato, los corto en trozos y los reservo.
2. En el mismo aceite, echo los dientes de ajo y la cebolla, todo picado fino, un poco de sal, y sofrío a fuego medio durante unos minutos hasta que la cebolla se ablande.
3. Entonces, agrego el vino blanco y dejo reducir durante 5 minutos para que se evapore el alcohol.
4. Agrego las setas congeladas y los filetes de lomo troceados, la hoja de laurel, el vaso de agua, sal y pimienta, y lo mezclo todo. Tapo la cazuela y cocino a fuego bajo durante unos 40 minutos, hasta que la salsa se haya reducido y la carne esté tierna.
5. Si la salsa queda muy líquida, los últimos minutos cocino destapado para que espese.
6. Sirvo este plato con arroz blanco o puré de patata.

mi sugerencia

Cuando quiero ahorrar tiempo, hago esta receta en la olla exprés. Utilizo solo medio vaso de agua y cocino durante 10 minutos una vez que haya subido la pesa.

mi truco

A veces, a la vez que la hoja de laurel, añado media cucharadita de alguna hierba, como romero o tomillo seco, que le va muy bien.

Salteado de lomo con coles

INGREDIENTES

- 500 g de coles de Bruselas frescas
- 4 filetes de lomo de cerdo
- 1 cucharada de miel
- ½ vaso de caldo de pollo
- 2 cucharadas de salsa de soja
- Aceite de oliva virgen extra
- Sal y pimienta

PREPARACIÓN

1. Corto la base a las coles de Bruselas y les retiro las tres hojas exteriores que se caen al hacerlo. Las parto por la mitad y las rehogo en una sartén durante 5 minutos con un poco de aceite de oliva virgen extra, sal y pimienta.

2. Mientras, troceo con unas tijeras los filetes de lomo y los salo ligeramente. Los añado a la sartén y los rehogo a fuego medio hasta que la carne cambie de color.

3. Agrego el caldo de pollo, la miel y la salsa de soja a la sartén, remuevo y dejo cocinar a fuego medio unos 15 minutos, hasta que las coles estén tiernas.

mis trucos

Si no tengo salsa de soja, no se la echo, queda igual de rico.

A veces preparo esta receta con filetes de jamón de cerdo o filetes de ternera.

Carrilleras al vino tinto

INGREDIENTES

- 1 kg de carrilleras de ternera
- 2 cebollas
- 2 dientes de ajo
- 1 puerro
- 2 zanahorias
- 2 vasos de vino tinto
- Harina
- Aceite de oliva virgen extra
- Sal y pimienta negra

PREPARACIÓN

1. Si no me han limpiado las carrilleras en la carnicería, lo hago en casa, retirando las telillas y la grasa con ayuda de unas tijeras. Las salo, las paso por harina y las sacudo muy bien.
2. Pongo la olla exprés al fuego con un poco de aceite de oliva virgen extra y, cuando está caliente, echo las cebollas, los ajos, el puerro y las zanahorias, todo picado, y sofrío las verduras, removiendo, hasta que empiezan a dorarse.
3. Entonces, incorporo las carrilleras y el vino tinto y dejo hervir durante 5 minutos.
4. Tapo la olla y, una vez que suba la pesa, cocino durante 25 minutos.
5. Cuando ya se puede abrir la olla, saco las carrilleras, paso la salsa por el chino o el pasapurés y pruebo por si tengo que añadir más sal.
6. Incorporo de nuevo la carne y lo dejo hervir todo junto, con la olla destapada, durante 5 minutos más.

mi sugerencia

Si no tengo olla exprés, lo hago en una cazuela, vigilando por si hay que añadir más agua. Llevará unas 2 horas.

mi truco

Algunas veces añado un poco de romero y tomillo secos para darle otros aromas.

Pollo asado

INGREDIENTES

- 1 pollo limpio
- 1 taza de vino blanco
- 3 dientes de ajo
- El zumo de 1 limón
- 1 cucharada de perejil fresco
- ½ cucharadita de orégano seco
- ¼ de cucharadita de pimienta negra molida
- 3 cucharadas de aceite de oliva virgen
- 1 cucharada de vinagre de manzana
- 1 cucharadita de sal

PREPARACIÓN

1. Para preparar el adobo, pongo en un mortero los dientes de ajo pelados, la cucharadita de sal, la pimienta negra molida, el orégano y el perejil, y lo machaco todo. Añado entonces el vinagre, el zumo de limón y el aceite de oliva virgen extra, lo mezclo bien y lo reservo.
2. Corto el pollo por la mitad, por la parte de las pechugas, y con ayuda de unas tijeras, retiro toda la grasa visible. Lo coloco sobre una *rustidera* o fuente para el horno y lo unto muy bien por dentro y por fuera con el adobo que he preparado.
3. Dejo el pollo sobre la fuente con las pechugas hacia arriba reposando durante 2 o 3 horas a temperatura ambiente para que coja bien todos los sabores.
4. Precaliento el horno a 200 ºC con calor arriba y abajo y aso el pollo durante 1 hora y 30 minutos.
5. Cuando lleva 30 minutos, abro el horno y riego el pollo con el vino blanco.
6. En la hora que queda de cocción, saco el pollo dos o tres veces más, inclino la fuente para recoger en una taza el jugo que va soltando, lo riego con él y lo meto de nuevo al horno.
7. Cuando está bien dorado, lo saco, lo pongo en una fuente y lo sirvo con una jarra con su jugo, patatas y ensalada.

mi truco

Algunas veces, añado al majado un poco de comino.

mi sugerencia

Con esta forma de preparar el pollo, así abierto, se hace bien por dentro y queda muy crujiente por fuera. ¡Nos encanta!

Pechugas de pollo a la sal

INGREDIENTES

- 3 o 4 pechugas de pollo
- 1 paquete de sal gorda
- Especias y hierbas aromáticas (orégano, romero, tomillo, *curry*, pimentón...)
- Agua

mi sugerencia

A veces hago 4 o 5 pechugas enteras, las corto en rodajas o tiras y las guardo en bolsas en el congelador. Así las tengo ahí para cuando quiera añadirlas a una ensalada o preparar unos bocadillos. El día anterior las saco del congelador y quedan perfectas.

PREPARACIÓN

1. Precaliento el horno a 200 ºC.
2. Lo primero que hago es limpiar las pechugas de pollo, retirando la grasa visible con ayuda de unas tijeras.
3. Coloco en una fuente que pueda ir al horno una capa de sal gorda, salpico con un poco de agua y pongo encima las pechugas de pollo enteras.
4. Las condimento con las especias y hierbas que me apetezca, un poco de orégano, romero o tomillo, un poco de *curry* o, simplemente, una pizca de pimentón. Entonces, cubro muy bien con otra capa de sal gorda, con cuidado de no dejar ningún agujero por donde se vean las pechugas, y salpico con otro poco de agua.
5. Las meto al horno a 200 ºC con calor arriba y abajo durante 20 minutos.
6. Pasado este tiempo, las saco y espero a que se enfríen un poco para poder retirar la sal, que se ha endurecido. Una vez puedo sacar las pechugas, las corto en rodajas o en tiras y las conservo en la nevera.
7. Las sirvo como plato, enteras o cortadas en rodajas, con alguna guarnición.
8. También las utilizo cortadas en rodajas para hacer bocadillos, o en tiras, para ensaladas o sopas.

Pechugas en escabeche de cítricos

INGREDIENTES

- 4 pechugas de pollo enteras
- 1 puerro
- 1 cebolla
- 2 zanahorias
- Aceite de oliva virgen extra
- Sal y pimienta negra

PARA EL ESCABECHE

- 1 vaso de aceite de oliva virgen extra
- ¼ de vaso de zumo de limón
- ½ vaso de zumo de naranja natural
- 1 cucharadita de pimentón dulce
- 1 trozo de piel de naranja
- 1 trozo de piel de limón
- 1 hoja de laurel
- 6 granos de pimienta negra

PREPARACIÓN

1. Retiro la grasa visible de las pechugas de pollo, con ayuda de unas tijeras, y las condimento con sal y pimienta negra.

2. Pongo una cazuela baja a fuego fuerte con un poco de aceite de oliva virgen extra y, cuando está caliente, frío las pechugas de pollo, dorándolas bien por ambos lados. Las saco y las reservo.

3. Pico en trozos pequeños la parte blanca del puerro, la cebolla y las zanahorias, y lo echo todo en la misma cazuela donde he dorado el pollo, con el mismo aceite.

4. Cuando las verduras empiezan a dorarse, añado el pimentón, la hoja de laurel, la piel de naranja, la piel de limón y los granos de pimienta negra, remuevo, y entonces echo el aceite de oliva, el zumo de naranja y el zumo de limón. Lo mezclo bien con una cuchara y meto las pechugas de pollo.

5. Tapo la cazuela y cocino a fuego lento durante 30 minutos. Pasado este tiempo, destapo y cocino durante 15 minutos más. Apago el fuego, retiro la hoja de laurel, la piel de naranja y la piel de limón, y dejo que repose.

6. Cuando ya está templado, lo tapo y lo meto en la nevera durante unas horas o hasta el día siguiente para que se intensifiquen los sabores.

7. Lo sirvo caliente, templado o frío, con patatas fritas o arroz blanco y una buena ensalada.

mis trucos

El escabeche que sobra de cocer las verduras no lo tiro. Lo cuelo y lo conservo en un frasco para aliñar ensaladas, pescados al horno, parrilladas de verduras...

También hago esta receta con pechugas de pavo.

A veces también añado al escabeche una rama de romero o de tomillo para darle otro aroma.

Conejo guisado

INGREDIENTES

- 1 conejo
- 1 cebolla
- 4 dientes de ajo
- ½ vaso de agua
- Perejil fresco
- 1 guindilla
- Aceite de oliva virgen extra
- Sal

PREPARACIÓN

1. Pido en la carnicería que me troceen un conejo entero como para hacer al ajillo.
2. Limpio los trozos de conejo, retirando con unas tijeras toda la grasa visible, y los salo ligeramente.
3. Pongo una sartén al fuego con aceite de oliva virgen extra y, cuando está caliente, frío los trozos de conejo, dándoles la vuelta para que se hagan por todos los lados. A medida que se van dorando, los voy sacando y echando en la olla exprés.
4. Mientras, machaco en el mortero los dientes de ajo pelados, el perejil fresco, la guindilla picada y un poco de sal, hasta obtener una pasta.
5. En la misma sartén donde he dorado el conejo, retirando un poco de aceite, pongo la cebolla picada con un poco de sal y dejo que se fría. Cuando la cebolla está dorada, echo este majado en la sartén, remuevo y lo vuelco todo a la olla exprés, sobre el conejo. Agrego el agua, remuevo, cierro la olla y lo pongo a cocinar a fuego fuerte. Una vez ha subido la pesa, bajo a fuego medio y lo dejo cocinar durante unos 20 minutos.

mi sugerencia

Si no tengo olla exprés, lo hago igual en una cazuela tradicional y cocino a fuego medio hasta que la carne esté tierna, aproximadamente 1 hora y media.

mi truco

Si sobran dos o tres trozos de conejo, uno o dos días después, los aprovecho para preparar un arroz. Hago un sofrito de pimientos, a veces con zanahoria, le agrego un puñado de guisantes congelados, la carne desmenuzada y sin huesos, un vaso de arroz y dos vasos de agua o de caldo, y cocino a fuego medio hasta que se evapore el agua y el arroz esté en su punto.

Redondo de ternera en salsa de verduras

INGREDIENTES

- 1 redondo de ternera
- 2 cebollas
- 1 puerro
- 2 zanahorias
- 2 dientes de ajo
- 200 ml de vino blanco
- 2 vasos de caldo de pollo o caldo de verduras
- Aceite de oliva virgen extra
- Sal y pimienta negra

mi truco

Algunas veces le añado también un par de clavos de olor o un poco de romero o tomillo.

PREPARACIÓN

1. Si no he comprado el redondo ya bridado, lo hago en casa con un hilo de bridar, pasándolo a lo largo de la pieza de carne, atándolo en un extremo y después de lado a lado formando una malla. Luego, lo condimento con sal y pimienta.
2. Pongo al fuego una cazuela grande en la que entre la carne, echo un poco de aceite de oliva virgen extra y, cuando está caliente, frío la carne a fuego fuerte, dorándola por todos los lados. Entonces, la saco y la reservo.
3. En la misma cazuela, añado un poco más de aceite y echo todas las verduras picadas: la cebolla, el ajo, el puerro y la zanahoria. Echo un poco de sal y las frío, removiendo, hasta que empiezan a coger color.
4. Añado el vino blanco y dejo que hierva un par de minutos. Agrego el caldo, rasco bien el fondo de la cazuela para coger todos los jugos y meto de nuevo la carne.
5. Tapo la cazuela y cocino a fuego medio durante 2 horas. De vez en cuando, destapo y le doy la vuelta al redondo para que se vaya haciendo por igual.
6. Cuando la carne está hecha, la saco y la dejo enfriar. Entonces, retiro el hilo de bridar y la corto en filetes.
7. Echo las verduras con la salsa en una jarra y la trituro muy bien con la batidora. Si queda muy espesa, echo un poco más de caldo y trituro de nuevo. Pruebo por si necesita un poco más de sal y la vierto en la cazuela de nuevo.
8. Meto los filetes en la cazuela y lo pongo todo de nuevo a fuego suave, tapado, durante 15 minutos.

Estofado de ternera

INGREDIENTES

- 1 kg de carne de ternera para guisar
- 1 cebolla
- 2 dientes de ajo
- 1 pimiento rojo
- 2 zanahorias
- 200 g de tomate triturado
- ½ vaso de vino tinto
- 1 hoja de laurel
- 1 cucharada de orégano
- 1 cucharadita de pimentón dulce
- 1 pizca de pimentón picante
- Aceite de oliva virgen extra
- Sal y pimienta negra

PREPARACIÓN

1. Limpio los trozos de carne retirando la grasa visible con ayuda de unas tijeras, la salo y la reservo.
2. Pongo una cazuela al fuego con un poco de aceite de oliva virgen extra y, cuando está caliente, echo la cebolla y los dientes de ajo, picado todo fino. Rehogo durante unos minutos y añado el pimiento rojo y las zanahorias, cortados en dados pequeños. Cocino a fuego medio durante unos 15 minutos, hasta que las verduras estén tiernas.
3. Entonces, subo el fuego, echo la carne y dejo que se fría bien por todos los lados.
4. Agrego el pimentón dulce y el picante, remuevo bien, riego con el vino tinto y dejo que hierva durante un par de minutos.
5. Añado el tomate triturado, el orégano, la hoja de laurel y la pimienta negra, echo agua hasta cubrir y, cuando comienza a hervir, bajo el fuego, tapo y dejo cocer durante 1 hora y media, hasta que la carne está tierna. De vez en cuando destapo, remuevo y vigilo por si tengo que añadir un poco más de agua.
6. Pruebo para rectificar de sal y sirvo con patatas o arroz blanco.

mis sugerencias

Para ahorrar tiempo, puedes hacerlo en la olla exprés durante 25 minutos.

A los guisos de carne les suelo añadir algunas especias que les van muy bien, como romero o tomillo.

Carne deshilachada

INGREDIENTES

- 500 g de morcillo o de falda de ternera, en un trozo
- 1 cebolla
- 2 dientes de ajo
- 1 guindilla
- ½ lata de tomate triturado
- 1 vaso de vino blanco
- 1 lata de pimientos morrones
- 1 cucharadita de pimentón
- Aceite de oliva virgen extra
- Sal

PREPARACIÓN

1. Limpio la carne retirando las telillas y la grasa, y la lavo bien bajo el chorro de agua del grifo.
2. Pongo una olla al fuego con el trozo de carne, lo cubro con agua y le añado sal. Cuando empieza a hervir, retiro la espuma que se va creando en la superficie y cuezo a fuego bajo durante 1 hora y media.
3. Retiro del fuego, saco la carne para que se vaya enfriando y reservo el caldo. Cuando la carne está templada, la deshilacho muy bien con las manos y retiro la grasa y las telillas que pudieran quedar.
4. Pongo una cazuela al fuego con un poco de aceite de oliva virgen extra y, cuando está caliente, frío la cebolla, los dientes de ajo y la guindilla, picado todo muy fino. Cuando empieza a dorarse, añado el tomate triturado, un vaso del caldo de haber cocido la carne y un poco de sal, tapo y cocino a fuego medio durante 20 minutos, removiendo de vez en cuando.
5. Añado el pimentón, la carne deshilachada y el vaso de vino blanco, lo mezclo bien y lo cocino durante 1 hora más, ahora ya a fuego lento. Cuando quedan 20 minutos, echo los pimientos morrones picados muy finos, remuevo y dejo que termine de hacerse todo.
6. Sirvo este plato con patatas o arroz blanco.

mi sugerencia

Para ahorrar tiempo, a veces cuezo la carne en la olla exprés durante 25 minutos.

Pescados y mariscos

LAS RECETAS CON LAS QUE CONSEGUIRÁS TU CAMBIO

Bacalao, salmón, merluza, atún o bonito, lenguado, congrio, trucha, pulpo, langostinos, almejas, calamares, chipirones, sepia, mejillones... Todos ellos cargados de proteínas y con nada de grasa o solo grasas saludables. Se pueden preparar en un momento, simplemente al horno o a la plancha, o, si tenemos tiempo y ganas de cocinar, podemos hacer un montón de recetas tan diferentes como las que aquí os dejo, desde un pastel rápido hasta una rica cazuela.

Pastel de pescado y gambas al horno

INGREDIENTES

- 400 g de merluza
- 100 g de colas de gambas peladas
- 1 cebolla
- 1 diente de ajo
- 5 huevos
- Aceite de oliva virgen extra
- 1 cucharadita de orégano o de tomillo
- Sal y pimienta negra

PREPARACIÓN

1. Precaliento el horno a 200 ºC.
2. Pongo una sartén grande al fuego con un poco de aceite de oliva virgen extra y, cuando está bien caliente, agrego la cebolla y el ajo picados muy finos y rehogo hasta que la cebolla está dorada.
3. Añado entonces la merluza desmenuzada, las colas de gambas enteras o cortadas en dos, el orégano, la sal y la pimienta, y doy unas vueltas a fuego medio hasta que el pescado cambie de color.
4. En un bol, voy batiendo los huevos y echo el contenido de la sartén. Mezclo bien y vierto en un molde que he engrasado con un poco de aceite de oliva y que pueda ir al horno.
5. Meto al horno a 200 ºC, con calor arriba y abajo, durante 20 minutos, hasta que esté cuajado y la superficie dorada.
6. Este plato puede consumirse tanto caliente, recién sacado del horno, como templado. ¡Está riquísimo!

mi truco

Desde siempre, hago este pastel con merluza, pero un día probé a hacerlo con bacalao y también nos encantó.

mis sugerencias

Aunque a veces uso pescado fresco, la mayoría de las veces lo hago con pescado congelado. Simplemente, lo saco de la nevera el día antes para que se vaya descongelando.

Mientras el pastel está en el horno, vigilo que no se dore mucho por encima y, si lo hace, lo cubro con una hoja de papel de aluminio para que no se dore más la superficie y se siga cocinando por dentro.

Bacalao al ajo arriero con huevos cocidos

INGREDIENTES

- 8 lomos de bacalao desalado en su punto de sal
- 8 dientes de ajo
- 4 huevos
- Aceite de oliva virgen extra
- Pimentón dulce

PREPARACIÓN

1. Pongo los huevos en un cazo al fuego, los cubro con agua fría y los cuezo durante 10 minutos. Una vez los retiro del fuego, los enfrío bien, los pelo, los corto por la mitad y los reservo.

2. Pongo una olla al fuego con abundante agua y, cuando empieza a hervir, meto los lomos de bacalao para escaldarlos durante 2 minutos. Entonces los saco y los reservo.

3. Caliento un buen chorro de aceite de oliva virgen extra en una cazuela al fuego y meto los lomos de bacalao con el lado de la piel hacia abajo. Espolvoreo cada lomo con un poco de pimentón dulce y dejo que se cocine a fuego medio.

4. Por otro lado, frío los dientes de ajo cortados en láminas en una sartén con aceite de oliva virgen extra. Cuando están dorados, los aparto del fuego, agrego una cucharada de pimentón dulce, remuevo bien y lo vierto todo sobre el bacalao.

5. Añado los huevos cocidos cortados por la mitad a la cazuela y lo cocino todo junto durante 3 minutos más.

mi sugerencia

Aunque no forma parte de la receta original, algunas veces cuezo unas patatas (como cuento en la receta de la ensaladilla rusa, pág. 80), las pelo, las corto por la mitad y las añado a la cazuela con los lomos de bacalao (punto 3).

Bacalao encebollado

INGREDIENTES

- 4 lomos de bacalao desalado
- 6 cebollas grandes
- ½ vaso de vino blanco
- Aceite de oliva virgen extra
- Sal

PREPARACIÓN

1. Pelo y corto las cebollas en láminas finas.
2. Pongo una sartén grande al fuego con un chorro de aceite de oliva virgen extra y, cuando está caliente, echo las cebollas cortadas y una cucharadita de sal. Cocino unos 10 minutos a fuego medio hasta que la cebolla empieza a ablandarse.
3. Entonces, bajo el fuego, tapo la sartén y dejo caramelizar la cebolla durante 30 minutos, removiendo de vez en cuando.
4. Una vez que la cebolla está muy tierna y dorada, echo el vino blanco y cocino un par de minutos para que se evapore el alcohol.
5. Coloco encima los lomos de bacalao, tapo la sartén y cocino durante unos 5 minutos más hasta que están hechos.

mi sugerencia

Yo suelo utilizar lomos de bacalao que compro congelados en su punto de sal. El día anterior, los meto en la nevera para tenerlos listos al día siguiente.

mis trucos

También se puede hacer la misma receta con migas de bacalao en su punto de sal. En este caso, bastará con cocinarlos 2 minutos una vez los echemos a la sartén con la cebolla.

Algunas veces he añadido un par de pimientos verdes italianos cortados en tiras finas. Cambia mucho el sabor, pero también queda muy rico.

Calamares en su tinta con arroz blanco

INGREDIENTES

PARA LOS CALAMARES

- 500 g de calamares troceados y limpios
- 1 cebolla
- 2 dientes de ajo
- 2 bolsas de tinta de calamar
- 1 chorro de vino blanco
- ½ vaso de agua
- 1 hoja de laurel
- ½ cucharadita de pimentón
- Aceite de oliva virgen extra
- Sal

PARA EL ARROZ

- 1 vaso de arroz blanco
- 2 dientes de ajo
- Aceite de oliva virgen extra
- Sal

PREPARACIÓN

1. Pongo una cazuela al fuego con un poco de aceite de oliva virgen extra, echo la cebolla y los dientes de ajo picados con un poco de sal y sofrío a fuego medio.
2. Una vez que la cebolla está blanda, añado el pimentón, remuevo rápido y echo el vino blanco.
3. Cuando empieza a hervir, añado la tinta, remuevo y echo los trozos de calamar, el agua y la hoja de laurel. Dejo que empiece a hervir de nuevo, bajo el fuego y cocino a fuego suave durante 20 minutos.
4. Antes de servir, pruebo por si hace falta echar un poco más de sal.
5. Mientras se hacen los calamares, preparo el arroz blanco al microondas: en un recipiente de pírex, echo un chorro de aceite de oliva virgen extra, dos dientes de ajo y un vaso de arroz. Remuevo y lo caliento al microondas durante un minuto. Lo saco, le añado dos vasos de agua y un poco de sal, remuevo y meto de nuevo al microondas, sin tapar, durante 20 minutos más. Lo dejo reposando dentro del microondas 5 minutos y lo sirvo como acompañamiento.

mi sugerencia

Si me apetece hacer esta receta y no he comprado calamares frescos, yo utilizo una bolsa de calamares congelados de los que ya vienen limpios y troceados, que son muy prácticos.

mi truco

A veces le añado una guindilla cayena al sofrito de cebolla para darle un toque picante. Alguna vez también le añado un pimiento verde picado.

Langostinos al horno

INGREDIENTES

- 24 langostinos
- 4 dientes de ajo
- 1 chorro de vino blanco o de *brandy*
- 1 guindilla cayena
- 1 puñado de perejil fresco
- Aceite de oliva virgen extra
- Sal

PREPARACIÓN

1. Precaliento el horno a 200 ºC.
2. Pelo los langostinos, dejándoles la cabeza y la cola, los coloco en una fuente que pueda ir al horno y espolvoreo un poco de sal por encima.
3. En un mortero, machaco los dientes de ajo pelados y troceados, el perejil y la guindilla picada muy fina. Echo un chorro de aceite de oliva virgen extra y otro chorro de vino blanco o de *brandy*, mezclo y lo vierto por encima de los langostinos.
4. Los meto en el horno con calor arriba y abajo durante 12 minutos.

mis sugerencias

Suelo hacer esta receta con langostinos congelados que tengo en casa. La noche anterior, los paso a la nevera y al día siguiente los tengo listos para cocinar.

Si me sobran langostinos, de haber hecho esta receta u otra, guardo las colas peladas y limpias en un recipiente en la nevera y las utilizo al día siguiente para una ensalada o un revuelto.

mi truco

Casi siempre que utilizo langostinos en la cocina, procuro quitarles el hilo negro, que es de agradecer. Simplemente, paso un cuchillo a lo largo del lomo y, con la punta del cuchillo, lo retiro.

Sepia a la plancha con ajo y perejil

INGREDIENTES

- 1 sepia
- 2 dientes de ajo
- 2 cucharadas de perejil fresco
- Unas gotas de zumo de limón
- Unas gotas de vinagre de manzana
- Aceite de oliva virgen extra
- Sal

mi truco

Para que la sepia quede perfecta es muy importante echarla cuando la sartén esté muy caliente, así como retirar toda el agua de la sartén, secar la sepia muy bien y seguir los tiempos que te he indicado.

PREPARACIÓN

1. Lavo la sepia y la dejo sobre dos hojas de papel de cocina, la cubro con otras dos y aprieto fuerte con las manos para retirarle toda el agua. Entonces, la corto en trozos «de bocado» y la reservo.
2. Pongo una sartén al fuego para que se vaya calentando.
3. En un mortero, echo los dientes de ajo troceados y un poco de sal, y machaco bien. Añado el perejil y vuelvo a machacar todo junto. Agrego las gotas de zumo de limón y de vinagre y un chorro de aceite de oliva virgen extra y lo mezclo todo.
4. Cuando la sartén está bien caliente, echo un poco de aceite de oliva virgen extra, pongo a fuego fuerte, echo los trozos de sepia y salteo durante un minuto.
5. Dejo la sepia en un plato y la seco con papel de cocina. También seco con papel de cocina el agua que haya quedado en la sartén.
6. Pongo de nuevo la sartén al fuego con unas gotas de aceite de oliva virgen extra. Cuando está caliente, echo la sepia para dorarla a fuego fuerte durante 2 minutos.
7. Agrego el majado por encima y mezclo durante 1 minuto. Aparto del fuego y sirvo con mayonesa o alioli.

Dados de salmón marinados

INGREDIENTES

- 1 lomo de salmón grande
- 1 cucharadita de miel
- 2 cucharadas de salsa de soja
- Aceite de oliva virgen extra

PREPARACIÓN

1. Compro un lomo de salmón de los que vienen ya sin espinas, aunque siempre compruebo que no quede alguna, y, cuando llego a casa, lo congelo, porque así se maneja mucho más fácilmente.
2. Cuando lo queremos comer, lo saco del congelador unas horas antes y, cuando todavía está semicongelado, le quito la piel y lo corto en dados grandes.
3. Lo meto en un recipiente y añado un chorro de aceite de oliva virgen extra, un par de cucharadas de salsa de soja y una cucharadita de miel. Lo mezclo todo bien, lo tapo y lo dejo en la nevera hasta la hora de comer.
4. Pongo una sartén al fuego sin nada y, cuando está caliente, echo los dados de salmón junto con el marinado y le voy dando vueltas a fuego fuerte hasta que esté dorado.
5. Sirvo recién hecho con una ensalada.

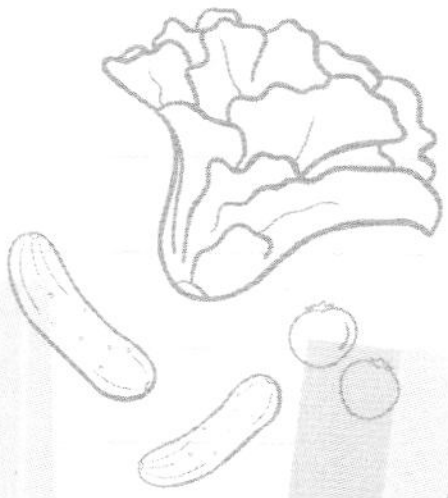

mis trucos

Suelo acompañar el salmón con esta ensalada: lechugas variadas, tomates cherry, pepinillos y cebolletas, aceite de oliva virgen extra, vinagre de Módena y sal. Los encurtidos le van de maravilla al salmón. Además, pongo mostaza Dijon para quien quiera, que también acompaña muy bien a este pescado.

Otra forma de preparar el salmón rápida y sana es en papillote: pongo en una hoja de papel de aluminio un lomo de salmón, puerro y zanahoria cortados finos, aceite de oliva virgen extra, sal y pimienta. Cierro bien, haciendo un sobre, y aso en el horno a 200 ºC durante 12 minutos.

Lenguado a la molinera

INGREDIENTES

- 4 lenguados limpios
- 80 g de mantequilla
- 1 limón
- Harina
- Perejil fresco
- Aceite de oliva virgen extra
- Sal

PREPARACIÓN

1. Lavo los lenguados bajo el agua del grifo, los seco bien con papel de cocina y los salo.
2. Los paso por harina por ambas caras y los sacudo para retirar el exceso de harina.
3. Pongo una sartén grande al fuego con aceite de oliva virgen extra y, cuando está caliente, voy friendo los lenguados a fuego medio por un lado hasta que se doren, les doy la vuelta, y los doro por el otro. Los dejo sobre papel de cocina y los paso a la fuente donde los voy a servir.
4. Por otro lado, parto el limón por la mitad. Una mitad la corto en gajos y de la otra, exprimo el zumo.
5. Pongo un cazo al fuego con la mantequilla y dejo que se derrita, sin que llegue a hervir. Cuando empieza a salir espuma, la retiro con una cuchara, añado el zumo de limón y lo mezclo todo bien.
6. Riego los lenguados con la salsa de mantequilla, espolvoreo el perejil fresco picado y sirvo con los gajos de limón.

mi sugerencia

Esta es una receta típica francesa y es una forma muy rica de preparar el lenguado. Ha de hacerse así, con mantequilla, que le da ese sabor y textura tan característicos.

Albóndigas de bacalao

INGREDIENTES

- 300 g de migas de bacalao en su punto de sal
- 150 g de miga de pan
- 1 chorro de leche
- 2 huevos
- 2 dientes de ajo
- 1 vaso de caldo de pollo o caldo de pescado
- 1 cucharada de perejil fresco
- Harina
- Aceite de oliva virgen extra
- Sal

PREPARACIÓN

1. Pico las migas de bacalao con un cuchillo en trozos pequeños y las pongo en un bol.
2. Remojo la miga de pan con un poco de leche, la escurro y la añado al bacalao. Agrego los dos huevos batidos y un poco de sal, y lo mezclo todo bien.
3. Con las manos mojadas, voy cogiendo porciones de la mezcla y formando las albóndigas. Las paso por harina, sacudiéndolas bien para eliminar la harina sobrante.
4. Pongo una sartén grande al fuego con aceite de oliva virgen extra y, cuando está caliente, voy friendo las albóndigas a fuego fuerte, dorándolas por toda la superficie, y las voy sacando sobre papel absorbente.
5. Retiro el aceite de la sartén, dejando solo un poco, y echo los dientes de ajo y el perejil, todo picado. Remuevo, rascando el fondo de la sartén, y le añado el caldo.
6. Dejo hervir durante 5 minutos a fuego medio y, entonces, meto las albóndigas para que cuezan en la salsa, a fuego suave, durante 10 minutos más. A media cocción les doy la vuelta y meneo un poco la sartén.

mis trucos

Se puede hacer la misma receta con lomos de bacalao en su punto de sal, o bien con otros pescados, como merluza.

Siempre compro el bacalao ya desalado en su punto de sal porque me resulta muy práctico, pero si compráis bacalao salado, debéis dejarlo toda la noche en remojo, cambiándole el agua un par de veces.

Rollo de bonito en salsa de tomate

INGREDIENTES

PARA EL ROLLO

- 600 g de bonito fresco
- 1 diente de ajo
- ½ cebolleta
- 50 g de jamón serrano
- 2 huevos cocidos
- 1 huevo crudo
- 1 huevo batido
- 2 pimientos del piquillo
- 2 cucharadas de pan rallado
- Perejil fresco
- Harina
- Sal

PARA LA SALSA

- 2 cebollas
- 1 diente de ajo
- 2 tomates
- ½ vaso de vino blanco
- Aceite de oliva virgen extra
- Sal

mi truco

A veces añado a la mezcla del rollo unas aceitunas verdes picadas.

PREPARACIÓN

1. Retiro la piel y las espinas al bonito y corto la carne en trocitos muy pequeños.
2. Echo el bonito en un bol y añado el ajo, la cebolleta, un poco de perejil fresco, el jamón serrano, los huevos cocidos y los pimientos del piquillo, picado todo muy fino. Agrego el huevo crudo, el pan rallado y la sal y lo mezclo todo muy bien.
3. Con las manos mojadas, hago los rollos. A veces hago 2 rollos grandes y otras, 4 más pequeños, que son más fáciles de manejar. Coloco cada porción de la mezcla sobre un trozo de papel film, le doy forma y lo envuelvo como un caramelo, enrollando los extremos. Dejo reposar unos minutos.
4. Desenvuelvo los rollos, los paso por harina y huevo batido, y los frío en una sartén con un poco de aceite bien caliente, dorándolos por todos los lados. Los saco a un plato y los meto en el frigorífico para que se puedan cortar más fácilmente.
5. Mientras, hago la salsa de tomate. Pongo una cazuela al fuego con un poco de aceite de oliva virgen extra y, cuando está caliente, echo las cebollas y el ajo picados con un poco de sal, y sofrío hasta que se empiezan a dorar.
6. Añado los tomates rallados, otro poco de sal, y dejo que hierva a fuego lento durante 20 minutos. Echo el vino blanco, remuevo y dejo 10 minutos más.
7. Cuando la salsa está lista, la trituro bien con la batidora y, entonces, añado los rollos de bonito enteros en la cazuela y lo dejo cocer todo junto a fuego suave durante 5 minutos.
8. Sirvo con patatas fritas.

Bonito o atún en salsa de tomate

INGREDIENTES

- 1 kg de bonito o atún
- 8 tomates maduros
- 1 cebolla
- 2 dientes de ajo
- Aceite de oliva virgen extra
- Sal

PREPARACIÓN

1. Pongo una cazuela al fuego con un chorro de aceite de oliva virgen extra y, cuando está caliente, echo la cebolla y los ajos picados, los tomates troceados y un poco de sal, y remuevo. Tapo y cocino a fuego suave durante unos 45 minutos, removiendo de vez en cuando, hasta que la salsa está bien hecha.
2. Entonces, vierto la salsa en un chino o un pasapurés para quitarle todas las pieles y pepitas, y la echo de nuevo a la cazuela. La pruebo, por si necesita un poco más de sal.
3. Limpio el bonito, quitándole las partes negras, lo seco con papel de cocina y, en una sartén con un poco de aceite de oliva virgen extra bien caliente, lo frío unos segundos por cada lado. Lo saco, lo salo ligeramente y lo incorporo a la cazuela.
4. Dejo hervir todo junto durante 2 o 3 minutos, meneando la cazuela.

mi truco

Algunas veces, en lugar de tomates frescos utilizo una lata de tomate triturado y así tengo la salsa lista en 20 minutos.

La salsa de tomate no queda siempre igual, ya que depende de la variedad de tomates que utilicemos y del agua que suelten. Cuando prefiero que quede menos espesa, simplemente añado un poco de agua o de caldo a la vez que los tomates y dejo que se cueza todo junto.

mi sugerencia

Tacos de atún o bonito con sofrito de pimientos verdes

INGREDIENTES

- 500 g de atún o de bonito fresco
- 2 cebollas
- 2 dientes de ajo
- 2 pimientos verdes italianos
- ½ vaso de caldo de verduras o de pescado
- Aceite de oliva virgen extra
- Sal

PREPARACIÓN

1. Corto el atún o el bonito en dados grandes y lo condimento con un poco de sal. Lo reservo.
2. Pongo una sartén grande al fuego con un poco de aceite de oliva virgen extra y, cuando está caliente, añado las cebollas y los pimientos verdes cortados en tiras finas y los ajos laminados. Dejo pochar durante unos 15 minutos, hasta que las verduras están tiernas y van cogiendo color.
3. Añado un poco de sal y el caldo, remuevo y cocino durante otros 10 minutos. Entonces, incorporo los dados de pescado y dejo que se hagan durante 2 minutos por cada lado.

mis trucos

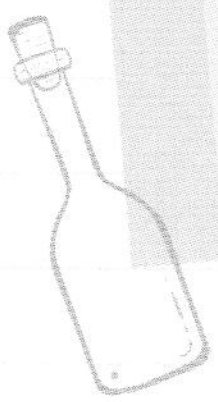

Algunas veces echo un chorro de brandy a la vez que el caldo, que le da un aroma muy rico.

También añado, algunas veces, un par de patatas cortadas en rodajas finas, a la vez que incorporo el caldo. Si lo hago, entonces echo un vaso entero de caldo.

Merluza en salsa verde con almejas y gambas

INGREDIENTES

- 6 rodajas o lomos de merluza
- 1 cebolla
- 2 dientes de ajo
- 24 almejas
- 12 gambas o langostinos
- ½ vaso de vino blanco
- 2 huevos
- Perejil fresco
- Harina
- Aceite de oliva virgen extra
- Sal

PREPARACIÓN

1. Unas horas antes, dejo las almejas en un bol con agua fría y sal gorda y les cambio el agua un par de veces para que suelten toda la arena.
2. En una cazuela pequeña, echo las almejas, la tapo y llevo al fuego unos minutos hasta que se abran. Cuelo el caldo que han soltado y lo reservo en un vaso. Reservo también las almejas tapadas en la cazuela.
3. Por otro lado, pongo los huevos en un cazo a fuego fuerte con agua que los cubra y, cuando empieza a hervir, bajo el fuego y cuezo durante 10 minutos. Los enfrío bajo el grifo, los pelo y los corto en cuartos.
4. Pongo una cazuela grande al fuego con un poco de aceite de oliva virgen extra y, cuando está caliente, frío la cebolla y los ajos picados hasta que están dorados.
5. Salo, paso por harina y sacudo bien las rodajas o los lomos de merluza, y los incorporo a la cazuela. Dejo que se doren durante 2 minutos por cada lado.
6. Agrego a la cazuela el vino blanco, un poco del caldo de las almejas, las almejas abiertas, las gambas sin pelar y el perejil picado, y cocino a fuego medio durante 15 minutos, meneando la cazuela para que se ligue la salsa. Reparto por encima los huevos cocidos y sirvo.

mis trucos

Algunas veces, además de los huevos, pongo por encima unos espárragos blancos de lata.

Se puede preparar la misma receta con rodajas de congrio.

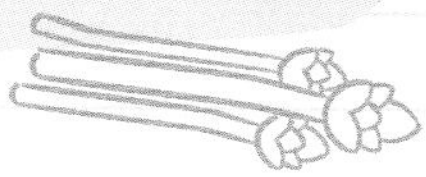

Merluza a la gallega

INGREDIENTES

- 6 rodajas de merluza
- 4 patatas
- 1 cebolla
- 6 dientes de ajo
- 1 cucharada de pimentón dulce
- Unas ramas de perejil fresco
- Aceite de oliva virgen extra
- Sal

PREPARACIÓN

1. Pongo una olla al fuego con abundante agua, la cebolla cortada por la mitad, el perejil fresco, las patatas peladas y cortadas en rodajas gruesas y un poco de sal, y cocino a fuego medio durante 15 minutos.
2. Entonces, incorporo las rodajas de merluza, bajo el fuego, y dejo hervir a fuego lento durante 10 minutos más.
3. Saco del caldo las rodajas de merluza y las patatas, y las reservo en una cazuela.
4. En una sartén con un buen chorro de aceite de oliva virgen extra, frío los ajos laminados hasta que empiezan a dorarse. Entonces, echo el pimentón, remuevo bien y lo vierto todo sobre la cazuela con la merluza y las patatas.

mi sugerencia

A veces utilizo merluza fresca, pero muchas otras, lomos o rodajas de merluza congelada.

mi truco

También se puede preparar esta receta con otros pescados como corvina, raya o congrio.

Congrio con guisantes y patatas

INGREDIENTES

- 1 kg de rodajas de congrio
- 4 patatas
- 300 g de guisantes congelados
- 1 cebolla
- 2 dientes de ajo
- 1 puñado de perejil fresco
- ½ sobre de hebras de azafrán
- Caldo de pescado o agua
- Aceite de oliva virgen extra
- Sal

PREPARACIÓN

1. Salo las rodajas de congrio por ambos lados y las reservo.
2. Pongo un poco de agua caliente en un vaso pequeño y disuelvo ahí las hebras de azafrán.
3. Pelo las patatas y las corto en rodajas gruesas.
4. Pongo una cazuela al fuego con un chorro de aceite de oliva virgen extra y, cuando está caliente, frío la cebolla y los ajos picados hasta que empiezan a dorarse. Entonces, añado las rodajas de patata, el azafrán y caldo de pescado o agua hasta cubrirlas. Echo un poco de sal y cocino durante 10 minutos.
5. Añado los guisantes y dejo que siga cociendo 5 minutos más.
6. Incorporo las rodajas de congrio, espolvoreo el perejil fresco picado, añado un poco más de caldo o agua, solo hasta cubrir, y dejo cocer todo junto durante 10 minutos más.

mis trucos

Hago la misma receta con rodajas de merluza.

A veces, añado unos tacos de jamón serrano una vez se ha frito la cebolla.

Guiso de salmón con patatas

INGREDIENTES

- 1 cebolla
- 4 patatas
- 1 lomo de salmón
- ½ vaso de arroz
- 1 hoja de laurel
- Aceite de oliva virgen extra
- Agua
- Sal

PREPARACIÓN

1. Pelo las patatas y las corto, rompiéndolas con el cuchillo en trozos «de bocado».
2. Pico la cebolla y la echo a la olla exprés con un chorro de aceite de oliva virgen extra.
3. Cuando la cebolla está dorada, añado la hoja de laurel, el arroz, las patatas troceadas, un poco de sal y agua hasta que cubra.
4. Cierro la olla y la pongo a fuego fuerte. Una vez ha subido la pesa, bajo a fuego medio y lo dejo durante 5 minutos.
5. Cuando se puede abrir la olla, si veo que ha quedado muy espeso, añado un poco de agua y dejo que vuelva a hervir.
6. Entonces, echo el lomo de salmón cortado en dados grandes, remuevo y lo dejo al fuego durante 3 o 4 minutos.

mi sugerencia

Si no tengo olla exprés, lo hago en una cazuela tradicional, cociendo durante unos 20 o 25 minutos hasta que el arroz esté hecho y las patatas tiernas.

mis trucos

Para los guisos, conviene chascar las patatas: hincarles el cuchillo y, en lugar de terminar el corte, arrancar los trozos.

A veces, en lugar de salmón, echo colas de langostinos peladas, que también queda muy rico.

Pulpo a la gallega exprés

INGREDIENTES

- 1 pulpo limpio congelado
- Pimentón
- Aceite de oliva virgen extra
- Sal gorda

PREPARACIÓN

1. El día anterior, saco el pulpo del congelador y lo dejo en la nevera para que se vaya descongelando.
2. Al día siguiente, lo meto en la olla exprés sin añadirle nada, ni siquiera agua o sal.
3. Cierro la olla, la pongo a fuego fuerte y, cuando sube la pesa, bajo a fuego medio y cocino durante 7 minutos.
4. Entonces apago el fuego y espero a que se pueda abrir la olla. Saco el pulpo, troceo las patas y voy colocando los trozos en una fuente.
5. Espolvoreo con un buen pimentón y sal gorda por encima, y lo riego todo con un hilo de aceite de oliva virgen extra.
6. Lo sirvo tal cual o con patatas cocidas cortadas en trozos grandes.

mi sugerencia

Esta es una forma infalible de cocinar el pulpo sin necesidad de tener que «asustarlo» tres veces, metiéndolo y sacándolo del agua. Aunque parezca imposible que vaya a quedar bien metiéndolo en la olla exprés sin agua, sí lo hace, se cocina en su propio jugo y queda perfecto.

Truchas con jamón y patatas al ajillo

INGREDIENTES

PARA LAS TRUCHAS

- 4 truchas enteras y evisceradas
- 8 lonchas de jamón serrano o jamón ibérico
- Harina
- Aceite de oliva virgen extra
- Sal

PARA LAS PATATAS

- 500 g de patatas
- 5 dientes de ajo
- Perejil fresco
- Vinagre de vino
- Aceite de oliva virgen extra
- Sal

PREPARACIÓN

1. Para preparar las patatas al ajillo, pongo una sartén grande al fuego con un poco de aceite de oliva virgen extra y, cuando está caliente, echo las patatas cortadas en rodajas y los ajos y el perejil bien picados.
2. Añado un poco de sal, mezclo y dejo que se hagan, removiendo de vez en cuando. Cuando ya casi están, las riego con un poco de vinagre y las dejo durante 5 minutos más.
3. Espolvoreo con perejil picado cuando las voy a servir.
4. Mientras se hacen las patatas, lavo las truchas bajo el agua del grifo, las seco bien con papel de cocina y las salo.
5. Meto dentro de cada trucha dos lonchas de jamón serrano o jamón ibérico y las cierro con ayuda de unos palillos de dientes para que no se abran al freír. Entonces, las paso por harina por ambas caras y las sacudo para retirar el exceso.
6. Pongo una sartén grande al fuego con aceite de oliva virgen extra y, cuando está caliente, frío las truchas a fuego medio por un lado hasta que se doran, les doy la vuelta y las doro por el otro. Las saco sobre papel de cocina, les retiro los palillos y las sirvo con las patatas al ajillo.

mi sugerencia

Estas son las famosas truchas a la navarra. Las patatas al ajillo las hago también para acompañar otros pescados.

Pastel de atún al microondas

INGREDIENTES

- 250 g de atún de lata
- 200 ml de nata líquida para cocinar (18 % MG)
- 100 ml de tomate frito
- Pan rallado
- 3 huevos
- Aceite de oliva
- Sal

PREPARACIÓN

1. Saco el atún de las latas y lo echo en una jarra o un vaso batidor.
2. Agrego a la jarra los huevos, la nata líquida, el tomate frito y una pizca de sal y lo trituro todo con la batidora hasta obtener una mezcla homogénea.
3. Engraso un molde apto para microondas con un poco de aceite de oliva y lo espolvoreo con un poco de pan rallado.
4. Vierto la mezcla en el molde y la meto al microondas a máxima potencia, sin tapar, durante 12 o 15 minutos, según la potencia del microondas. Cuando acaba, lo dejo reposar dentro del microondas durante 5 minutos más.
5. Saco, dejo enfriar, lo desmoldo y lo sirvo con pan tostado, mayonesa y ensalada.

mi sugerencia

Si no tengo microondas, lo cuajo en el horno al baño maría, esto es, poniendo el molde dentro de una fuente más grande con agua sin que lo llegue a cubrir. Dejo que se hornee a 175 °C durante unos 45 minutos.

mi truco

Originalmente, lo hacía con palitos de cangrejo en lugar de atún. Otras veces, echo la mitad de cantidad de atún y la otra mitad de colas de gambas peladas.

Pescado entero al horno

INGREDIENTES

- 1 pieza grande de pescado (lubina, dorada, besugo...)
- 4 patatas
- 1 cebolla
- 1 limón
- 3 dientes de ajo
- 3 cucharadas de perejil fresco
- 1 chorro de vino blanco
- Aceite de oliva virgen extra
- Sal

PREPARACIÓN

1. Pongo una sartén al fuego con un chorro de aceite de oliva virgen extra y, cuando está caliente, echo las patatas peladas y cortadas en rodajas de medio centímetro de grosor y la cebolla en tiras finas. Añado sal, tapo y cocino durante unos 20 minutos, a fuego medio, removiendo de vez en cuando para que se vayan haciendo por igual.
2. Mientras, limpio y salo el pescado por dentro y por fuera, y le hago unos cortes en el lomo. Corto el limón en rodajas e introduzco en cada corte del pescado media rodaja de limón.
3. Por otro lado, machaco en un mortero los ajos, el perejil y un poco de sal. Añado un chorro de vino blanco y otro de aceite de oliva virgen extra y remuevo bien.
4. Precaliento el horno a 180 ºC.
5. Cuando las patatas están ligeramente hechas, pero no del todo, vuelco la mezcla de patata y cebolla sobre una fuente de horno. Coloco encima la pieza de pescado y lo riego todo con la mezcla del mortero.
6. Meto al horno a 180 °C durante unos 20 minutos o hasta que el pescado está hecho, ya que depende del tamaño de la pieza.
7. Durante la cocción, abro el horno un par de veces y riego el pescado con un poco del jugo que va soltando.

mi sugerencia

Las rodajas de limón le confieren al pescado mucho sabor. Si se prefiere, se puede hacer la receta igual sin usar los limones y queda igual de rica.

Chipirones afogaos

INGREDIENTES

- 500 g de chipirones
- 2 cebollas
- ½ pimiento verde italiano
- 2 dientes de ajo
- 1 chorro de vino blanco
- 1 chorro de ron
- 1 guindilla cayena
- 1 hoja de laurel
- Perejil fresco
- Aceite de oliva virgen extra
- Sal

PREPARACIÓN

1. Limpio bien los chipirones, los seco con papel de cocina, los salo y los reservo.
2. Pongo una sartén grande al fuego con un poco de aceite de oliva virgen extra y, cuando está caliente, añado las cebollas, el pimiento verde y los ajos, picado todo muy fino. Rehogo las verduras durante unos 20 minutos hasta que están bien pochadas y doradas.
3. Echo el ron y lo dejo hervir durante 2 minutos para que se evapore el alcohol. Agrego el vino blanco y dejo hervir 2 minutos más.
4. Añado ahora la guindilla, la hoja de laurel y los chipirones enteros y dejo durante 2 o 3 minutos a fuego fuerte. Entonces, lo bajo y cocino a fuego lento durante 25 minutos más.
5. Espolvoreo con perejil fresco picado y sirvo con patatas o arroz blanco.

mi truco

Como todos los guisos, al día siguiente están aún más buenos.

Los moluscos como los chipirones, los calamares o la sepia, tienen dos puntos de cocción: o bien se preparan en solo unos minutos, por ejemplo a la plancha, o bien hay que cocerlos durante al menos 25 minutos. En el punto medio quedan duros.

mi sugerencia

Mejillones con salsa de tomate y su caldo

INGREDIENTES

- 1 kg de mejillones
- 2 dientes de ajo
- 2 hojas de laurel
- 1 chorro de vino blanco
- 6 granos de pimienta negra
- 1 frasco de tomate frito o de tomate triturado
- 1 guindilla
- Cebolla en polvo

PREPARACIÓN

1. Limpio los mejillones quitándoles las barbas y retiro los que están abiertos porque pueden estar malos.
2. Los pongo en una cazuela al fuego junto con los dientes de ajo enteros sin pelar, las hojas de laurel, los granos de pimienta y el vino blanco. Tapo y cocino a fuego fuerte durante unos 4 minutos, justo hasta que se abran.
3. Retiro la cazuela del fuego, pongo un colador sobre un tazón y vierto en él todo el caldo de cocción de los mejillones.
4. Por otro lado, preparo la salsa de tomate. Pongo una sartén al fuego con el tomate frito, la guindilla cayena y un poco de cebolla en polvo, y dejo que se caliente. Entonces, le añado unas cucharadas del caldo de los mejillones y mezclo bien.
5. Sirvo los mejillones en la cazuela y los acompaño con dos tazones, uno con la salsa de tomate picante y otro con el resto del caldo de cocción, para ir mojándolos en ellas.

mi truco

A veces compro los mejillones ya limpios para no tener que hacerlo yo.

mi sugerencia

A la cazuela de cocer los mejillones se le puede añadir una zanahoria y un apio troceados. También, sustituir el vino blanco por el zumo de un limón.

Gambones al ajillo flameados

INGREDIENTES

- 16 gambones
- 4 dientes de ajo
- 1 guindilla cayena
- 1 chorro de *whisky* o *brandy*
- Aceite de oliva virgen extra
- Sal

PREPARACIÓN

1. Retiro la cabeza de los gambones, pelo las colas y paso un cuchillo a lo largo del lomo sobre el hilo negro para poder retirarlo. Una vez preparadas las colas, las salo y las reservo.
2. Pongo una sartén al fuego con un poco de aceite de oliva virgen extra y, cuando está caliente, frío los dientes de ajo laminados con la guindilla cayena para darle un toque picante.
3. Cuando los ajos están dorados, incorporo las colas de los gambones, los dejo unos segundos por cada lado, solo hasta que cambien de color y , entonces, riego con un chorro de *whisky* o de *brandy*.
4. Aparto la sartén del fuego y flameo, es decir, con un mechero, le prendo fuego para que se evapore el alcohol. En cuanto se apaga el fuego, vuelco el contenido de la sartén en una cazuela de barro y sirvo con un buen pan.

mis sugerencias

Suelo utilizar gambones congelados. Si no tengo, uso langostinos o gambas grandes.

Cuidado al flamear de tener siempre la campana extractora apagada y, en cualquier caso, hacerlo apartado de ella.

Almejas a la marinera

INGREDIENTES

- 1 kg de almejas
- 1 cebolla
- 2 dientes de ajo
- 1 hoja de laurel
- 1 guindilla cayena
- 2 cucharadas de salsa de tomate o tomate triturado
- ½ vaso de vino blanco
- 1 cucharada de harina
- 1 cucharada de pimentón dulce
- Aceite de oliva virgen extra
- Perejil fresco
- Sal gorda y sal fina
- Pimienta negra

PREPARACIÓN

1. Unas horas antes, dejo las almejas en un bol con agua fría y sal gorda, y les cambio de agua un par de veces para que suelten toda la arena.
2. En una cazuela pequeña, pongo las almejas con la hoja de laurel, la tapo y las llevo al fuego unos minutos hasta que se abran. Cuelo el caldo que han soltado y lo reservo en un vaso. Reservo también las almejas tapadas en la cazuela.
3. En una sartén grande, pongo un chorro de aceite de oliva virgen extra y, cuando está caliente, echo la cebolla y los dientes de ajo, picado todo muy fino, y la guindilla cayena. Cuando está bien dorado, añado el pimentón, remuevo rápido e incorporo la harina.
4. Sigo removiendo con unas varillas durante un par de minutos y agrego entonces la salsa de tomate, el vino blanco y el caldo que he reservado de las almejas. Dejo que se cocine todo durante 10 minutos.
5. Pruebo, por si tengo que añadir un poco más de sal, echo un poco de pimienta negra, incorporo las almejas abiertas y cocino durante un par de minutos más, meneando la cazuela.
6. Para servir, espolvoreo por encima un poco de perejil fresco picado.

mi sugerencia

Para asegurarme de que no se cuele nada de arena, suelo colar el caldo de las almejas con un colador de tela. Si no lo tenéis, podéis hacerlo a través de una gasa o muselina.

Almejas en salsa verde

INGREDIENTES

- 1 kg de almejas frescas
- 4 dientes de ajo
- 1 hoja de laurel
- 1 cucharada de harina
- 1 guindilla cayena
- ½ vaso de vino blanco
- 1 puñado de perejil fresco
- Aceite de oliva virgen extra
- Sal gorda y sal fina

PREPARACIÓN

1. Unas horas antes, dejo las almejas en un bol con agua fría y sal gorda, y les cambio el agua un par de veces para que suelten toda la arena.
2. Pongo las almejas con la hoja de laurel en una cazuela pequeña, la tapo y las caliento unos minutos hasta que se abran. Cuelo el caldo que han soltado y lo reservo en un vaso. Reservo también las almejas tapadas en la cazuela.
3. Caliento un chorro de aceite de oliva virgen extra en una sartén y echo la guindilla y los dientes de ajo picados muy finos. Cuando empiezan a dorarse, añado la harina y remuevo bien con unas varillas durante un par de minutos.
4. Agrego entonces el vino blanco y el caldo de las almejas a la sartén, vuelvo a remover y dejo que se reduzca durante unos 5 minutos. Pruebo, rectifico de sal si es necesario, incorporo las almejas, espolvoreo con el perejil fresco picado y cocino durante un par de minutos más meneando la cazuela.

mi sugerencia

Para asegurarme de que no se cuele nada de arena, suelo colar el caldo de las almejas con un colador de tela. Si no lo tenéis podéis usar una gasa o muselina y colar el caldo a través de ella.

Mejillones gratinados con mayonesa de ajo

INGREDIENTES

- 1 kg de mejillones
- 2 dientes de ajo
- 2 hojas de laurel
- 6 granos de pimienta negra
- 1 chorro de vino blanco
- Perejil fresco

PARA LA MAYONESA

- 1 huevo
- 1 diente de ajo
- 1 chorro de vinagre
- Sal
- Aceite de girasol o de oliva suave

PREPARACIÓN

1. Limpio los mejillones quitándoles las barbas y retiro los que están abiertos.
2. Pongo los mejillones en una cazuela junto con los dientes de ajo enteros sin pelar, las hojas de laurel, los granos de pimienta y el vino blanco. Tapo y cocino a fuego fuerte durante unos 4 minutos, justo hasta que se abran.
3. Cuando se hayan abierto, retiro la cáscara de arriba de cada mejillón y los voy colocando sobre la bandeja del horno.
4. Hago una mayonesa al ajo casera, echando en un vaso de batidora un huevo, el ajo picado, un chorro de vinagre, un poco de sal y unos 4 dedos de aceite de girasol o de oliva suave. Meto la batidora de modo que toque el fondo del vaso y bato sin moverla hasta que se haya incorporado casi todo el aceite. Entones, levanto la batidora despacio para que se termine de integrar todo.
5. Cubro cada mejillón con un poco de mayonesa al ajo y meto al horno con el grill a máxima potencia hasta que la mayonesa está dorada.
6. Sirvo los mejillones recién sacados del horno con un poco de perejil fresco muy picado espolvoreado por encima.

Se puede hacer igual sin añadir ajo a la mayonesa, con una mayonesa clásica.
O también se puede añadir media cucharadita de mostaza para darle otro toque.

mi sugerencia

Marmitako de bonito

INGREDIENTES

- 1 kg de bonito
- 1 kg de patatas
- 1 cebolla
- 2 dientes de ajo
- 2 pimientos verdes
- 2 tomates maduros o salsa de tomate
- 2 guindillas cayenas
- 2 cucharaditas de pulpa de pimiento choricero
- ½ vaso de vino blanco
- 1 litro de caldo de pescado
- Aceite de oliva virgen extra
- Sal

PREPARACIÓN

1. Pongo una cazuela al fuego con un chorro de aceite de oliva virgen extra y, cuando está caliente, echo la cebolla y los ajos, picados muy finos, los tomates cortados en dados y sin pepitas, y los pimientos verdes picados en trozos grandes. Echo sal y lo sofrío todo durante 15 minutos hasta que está bien pochado.

2. Entonces, añado las patatas peladas y troceadas, chascándolas con un cuchillo, y mezclo. Agrego la pulpa de pimiento choricero, las guindillas y el vino blanco, y dejo un par de minutos.

3. Añado caldo de pescado hasta cubrir y cocino a fuego bajo durante 20 minutos, hasta que las patatas están hechas. Mientras se van haciendo, meneo la cazuela de vez en cuando para que se vaya ligando la salsa.

4. Pruebo, por si tengo que echar un poco más de sal, incorporo el bonito ya limpio y cortado en tacos grandes y cocino todo junto durante 5 minutos más.

mi sugerencia

La pulpa de pimiento choricero, hoy en día, se encuentra en pequeños frascos en muchos supermercados. Si no la encontramos, podemos comprar pimientos choriceros secos y dejarlos en remojo hasta que se ablanden. Entonces se rasca la pulpa con una cuchara y se utiliza para la receta.

Cazuela de bacalao gratinado

INGREDIENTES

- 400 g de migas de bacalao en su punto de sal
- ½ vaso de leche
- 3 dientes de ajo
- Aceite de oliva virgen extra
- Sal y pimienta negra

PREPARACIÓN

1. Precaliento el horno para gratinar.
2. Pongo un poco de aceite de oliva virgen extra en un cazo al fuego y cuando está caliente, echo el ajo picado.
3. Cuando comienza a dorarse, echo las migas de bacalao y remuevo hasta que cambian de color.
4. Entonces, aparto del fuego, lo echo todo en el vaso de la batidora, añado la leche y lo trituro hasta obtener una crema. Pruebo, para rectificar de sal si es necesario, añado un poco de pimienta negra y remuevo.
5. Echo la crema en una cazuela de barro o un recipiente que pueda ir al horno y lo meto al horno precalentado a máxima potencia a gratinar hasta que la superficie está dorada.
6. Sirvo caliente o templado con un poco de pan tostado.

mi sugerencia

Esta receta es una especie de brandada de bacalao que se termina gratinándola en el horno pero, a veces, la sirvo tal cual, sin meter al horno, como una crema para untar. Una vez triturado, lo pongo en un recipiente y lo acompaño de pan tostado.

Huevos y tortillas

LAS RECETAS CON LAS QUE CONSEGUIRÁS TU CAMBIO

El humilde huevo que siempre está presente en nuestra cocina, además de estar bien rico, es una maravilla nutricional. Si los preparamos cocidos, a la plancha o revueltos podemos completar con ellos muchos platos. También podemos improvisar una comida rápida haciendo una rica tortilla que, como veréis en las recetas que os dejo, admiten casi cualquier ingrediente y todas están buenísimas.

Huevos "fritos" en agua

INGREDIENTES

- 4 huevos
- Agua
- Sal

PREPARACIÓN

1. Pongo una cazuela baja o una sartén que tenga tapa al fuego y echo un vaso de agua.
2. Cuando el agua empieza a hervir, echo los huevos que he cascado antes en un vaso, de uno en uno.
3. Añado un poco de sal sobre cada huevo, tapo y cocino a fuego medio hasta que los huevos están bien cuajados.
4. Entonces, los saco con una espumadera y los utilizo para lo que quiera.

mi truco

Un día se me ocurrió hacerlos con caldo en lugar de con agua y ¡nos encantaron! Ahora, según para qué los vaya a usar, los hago muchas veces así. Uso caldo de pollo, de verduras o de cocido, ¡quedan ricos con cualquiera!

mi sugerencia

Hago estos huevos para poner sobre las verduras al horno, unos guisantes, unas lentejas, una crema de verduras o una sopa, una ensalada... Quedan perfectos para acompañar muchos platos.

Huevos rellenos

INGREDIENTES

PARA LOS HUEVOS

- 8 huevos
- 2 latas de atún
- Tomate frito
- Vinagre

PARA LA MAYONESA

- 1 huevo
- Aceite de girasol
- Vinagre
- Sal

PREPARACIÓN

1. Pongo los huevos en un cazo grande a fuego fuerte, con suficiente agua para que los cubra y un chorro de vinagre para que la yema del huevo quede centrada al cocerlos. Cuando el agua empieza a hervir, bajo el fuego y cuezo durante 10 minutos.

2. Aparto los huevos del fuego, los enfrío bajo el chorro de agua del grifo, los pelo y los corto por la mitad a lo largo.

3. Saco las yemas cocidas, reservo dos y echo el resto en un bol.

4. Añado al bol con las yemas el atún escurrido y unas cucharadas de tomate frito y mezclo todo bien.

5. Cojo las claras de huevo cocidas y voy rellenando el hueco que dejaron las yemas con la mezcla de atún, tomate y yema. A medida que las voy rellenando, las voy colocando en una fuente.

6. Hago una mayonesa casera echando en un vaso de batidora un huevo, un poco de sal, un chorro de vinagre y unos 4 o 5 dedos de aceite de girasol. Pongo la batidora firme en el fondo del vaso y bato sin despegarla hasta que haya cogido casi todo el aceite. Entonces, levanto poco a poco para que se integre el resto.

7. Echo la mayonesa por encima de los huevos y decoro con las yemas cocidas que había apartado, haciéndolas pasar a través de un colador, aplastándolas con una cuchara.

mis trucos

La forma que os cuento para hacer la mayonesa es infalible para que nunca se corte.

A veces añado al relleno media cebolleta dulce picada.

Tortilla de zanahorias ralladas

INGREDIENTES

- 150 g de zanahoria rallada para ensaladas
- ½ cebolla
- 4 huevos
- Aceite de oliva virgen extra
- Sal

PREPARACIÓN

1. En una sartén con un poco de aceite de oliva virgen extra, pocho media cebolla picada con un poco de sal hasta que está blanda.
2. Echo la zanahoria rallada y un poco más de sal y remuevo un par de minutos hasta que se ablanda.
3. Mientras, bato cuatro huevos con otro poco de sal.
4. Añado la mezcla de cebolla y zanahoria a los huevos ya batidos y la devuelvo a la sartén, a fuego medio hasta que se cuaje.
5. Le doy la vuelta con ayuda de un plato y la cuajo por el otro lado.

mis sugerencias

Yo suelo hacer esta receta con la zanahoria rallada que venden en bolsas en la sección de ensaladas de los supermercados, pero también se pueden rallar las zanahorias en casa.

Queda muy rica también si le añado medio calabacín rallado, bien escurrido, y hago la tortilla igual pero con un par de huevos más.

Tortilla de coliflor

INGREDIENTES

- 1 coliflor pequeña o ½ coliflor grande
- 6 huevos
- ½ cucharadita de ajo en polvo
- ½ cucharadita de cebolla en polvo
- Aceite de oliva virgen extra
- Sal

PREPARACIÓN

1. Lavo la coliflor y la troceo en ramilletes.
2. Pongo los ramilletes en un recipiente con tapa que pueda ir al microondas y los meto durante entre 10 y 12 minutos a máxima potencia, hasta que están tiernos pero un poco *al dente.*
3. Mientras, bato los huevos en un bol. Añado el ajo y la cebolla en polvo, un poco de sal, y lo mezclo bien.
4. Saco la coliflor del microondas, le echo un poco de sal y la chafo un poco con un tenedor, sin hacer una pasta, solo rompiendo los trozos más grandes.
5. Echo la coliflor en el bol con los huevos y lo mezclo todo.
6. Pongo una sartén al fuego con un poco de aceite de oliva virgen extra y, cuando está caliente, echo la mezcla. Dejo cuajar a fuego bajo hasta que le puedo dar la vuelta con ayuda de un plato. La echo de nuevo en la sartén y la cuajo por el otro lado.

mi truco

Suelo utilizar ajo y cebolla en polvo para esta receta porque es más rápido, pero cuando tengo más tiempo, en lugar de eso, hago un sofrito en una sartén con media cebolla y dos dientes de ajo. Cuando están dorados, los mezclo con los huevos y la coliflor.

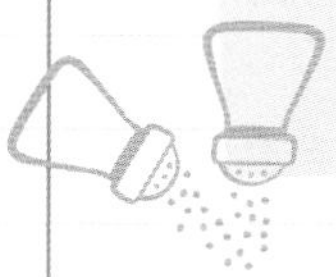

mis sugerencias

Si no dispongo de microondas para esta receta, hago la coliflor al vapor, en una vaporera o colocando los ramilletes en un colador sobre una cazuela con agua hirviendo, tapada y cocinando hasta que estén tiernos.

A veces corto una coliflor entera en rodajas gruesas, la embadurno con aceite de oliva virgen extra, la espolvoreo con pimentón, curry, sal y pimienta y la aso en el horno a 230 ºC durante 25 minutos. ¡Queda de lujo!

Tortilla de calabacín

INGREDIENTES

- 1 calabacín grande
- ½ cebolleta o cebolla dulce
- 1 diente de ajo
- 6 huevos
- Aceite de oliva virgen extra
- Sal y pimienta

PREPARACIÓN

1. Pongo una sartén al fuego con un poco de aceite de oliva virgen extra y añado la cebolleta picada y el ajo picado o chafado con el prensador de ajos. Salo ligeramente y frío mientras corto el calabacín en dados.
2. Cuando la cebolla está blanda y va tomando color, echo los dados de calabacín, un poco más de sal, bajo el fuego y dejo que se haga durante unos 15 minutos.
3. En un bol, bato los huevos con un poco de sal y pimienta, añado las verduras ya cocinadas y devuelvo la mezcla a la sartén para dejar que se cuaje la tortilla a fuego medio.
4. Cuando está cuajada por un lado, le doy la vuelta con ayuda de un plato y dejo que se cuaje por el otro.

mis trucos

Un truco que uso para dar la vuelta a las tortillas con facilidad es mojar el plato con el que lo hago para que resbalen mucho mejor.

Si no te sientes seguro dando la vuelta a las tortillas y tienes una sartén que pueda meterse en el horno, puedes cuajar la parte de arriba como una fritatta, metiéndolas al horno a 200 ºC hasta que esté dorada.

mi sugerencia

Algunas veces, echo a los huevos batidos dos quesitos desmenuzados o unos dados de un queso que funda bien para darle un toque extra muy rico.

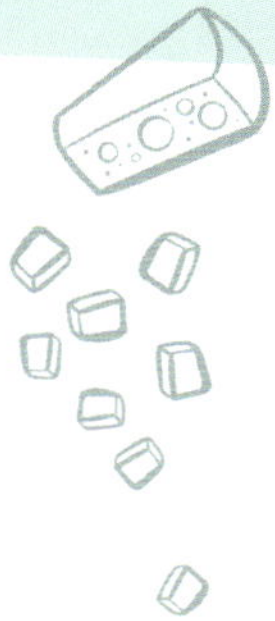

Tortilla de patatas con patata pochada

INGREDIENTES

- 4 patatas
- 1 cebolla pequeña
- 6 huevos
- 1 cucharadita y ½ de sal
- 1 hilo de aceite de oliva virgen extra
- Agua

PREPARACIÓN

1. Pelo y pico la cebolla en trozos pequeños. Lavo, pelo y troceo las patatas en trozos irregulares de tamaño medio, aunque también se pueden cortar en dados o en lonchas no muy gruesas.
2. Pongo una sartén grande al fuego, agrego un poco de agua y añado la cebolla y la patata. Lo riego con un hilo de aceite de oliva virgen extra y espolvoreo por encima una cucharadita de sal. Tapo y cocino a fuego medio durante unos 30 minutos, hasta que la patata está tierna. Mientras se va cocinando, destapo, remuevo y vuelvo a tapar, para que se vaya haciendo por igual.
3. En un bol, bato los huevos con media cucharadita de sal y, cuando la patata y la cebolla están hechas, las incorporo a los huevos y lo mezclo todo bien.
4. Vierto la mezcla en una sartén más pequeña que pongo al fuego con un poco de aceite de oliva virgen extra y cocino a fuego medio hasta que se le pueda dar la vuelta.
5. Pongo un plato grande encima de la sartén y, con un giro rápido, vuelco la tortilla. La echo de nuevo a la sartén para que se haga por el otro lado y le voy dando forma metiendo una espátula por los laterales.

mi sugerencia

La forma tradicional de preparar la tortilla de patata es friendo la patata en abundante aceite que después escurrimos muy bien. Esta forma que os indico aquí es como suelo hacerla en mi casa para no usar tanto aceite y queda muy rica también.

mi truco

En casa nos encanta la tortilla de patatas guisada. Hago un pisto casero o bien utilizo un frasco de pisto en conserva. Lo caliento en una cazuela baja y, una vez hecha la tortilla, la meto en la cazuela, pincho toda la superficie con un tenedor y dejo que se cueza con el pisto unos 15 minutos.

Tortilla jugosa de bacalao

INGREDIENTES

- 400 g de bacalao en su punto de sal
- 2 cebolletas
- 2 pimientos verdes italianos
- 6 huevos
- 1 cucharada de perejil fresco
- Aceite de oliva virgen extra
- Sal

PREPARACIÓN

1. Pongo una sartén al fuego con un poco de aceite de oliva virgen extra y, cuando ya está caliente, añado las cebolletas y los pimientos verdes cortados en tiras finas y cocino hasta que las verduras están doradas.
2. Entonces, incorporo las migas de bacalao, lo mezclo todo y lo dejo durante unos minutos al fuego, solo hasta que el bacalao cambia de color. Espolvoreo el perejil fresco y vuelvo a mezclar.
3. En un bol, bato los huevos con un poco de sal y los vierto en la sartén sobre el bacalao. Bajo el fuego y dejo que se cuaje ligeramente. Doblo como una tortilla francesa, apago el fuego y dejo que se termine de cuajar solo con el calor residual, para que quede bien jugosa.

mi truco

Aunque lo típico es hacer este plato con bacalao, alguna vez lo he hecho con lomos de merluza desmenuzados.

mi sugerencia

A veces, en lugar de cebolletas, utilizo la parte blanca de dos puerros. Para un toque picante, le añado al sofrito una guindilla cayena.

Tortilla de berenjena con queso

INGREDIENTES

- 2 berenjenas
- 1 cebolla
- 1 diente de ajo
- 6 huevos
- 3 quesitos o un trozo de un queso para fundir
- Aceite de oliva virgen extra
- Sal y pimienta negra

PREPARACIÓN

1. En una sartén con un poco de aceite de oliva virgen extra, frío la cebolla y el ajo picados hasta que están tiernos.
2. Mientras, corto las berenjenas en dados, sin pelarlas, y las meto al microondas, en un recipiente con tapa, durante 5 minutos.
3. Cuando las berenjenas están listas, las añado a la sartén con la cebolla, remuevo y cocino durante 10 minutos más.
4. En un bol, bato los huevos con un poco de sal y pimienta negra. Agrego el queso cortado en dados y toda la verdura, y mezclo.
5. Vierto de nuevo la mezcla a la sartén para cuajar la tortilla por ambos lados.

mi truco

Otras veces hago esta tortilla igual, pero en lugar de queso le echo unos dados de jamón, o ambas cosas. También la preparo sin nada, solo con cebolla y berenjena. ¡Todas están ricas!

Tortilla de espinacas baby con pasas

INGREDIENTES

- 5 huevos
- 300 g de espinacas *baby* para ensalada
- 1 diente de ajo
- 1 puñado de uvas pasas
- Aceite de oliva virgen extra
- Sal y pimienta negra

PREPARACIÓN

1. Pongo una sartén al fuego con un poco de aceite de oliva virgen extra y, cuando está caliente, añado el ajo picado y las espinacas *baby* y las rehogo durante unos minutos hasta que pierden volumen.
2. Echo las uvas pasas, sal y pimienta negra y lo dejo cocinar durante un par de minutos más.
3. En un bol, bato los huevos y los echo sobre las espinacas. Dejo que se cuaje por un lado, le doy la vuelta y dejo que se cuaje por el otro.

mi sugerencia

Cuando no tengo espinacas baby, la hago igual con espinacas congeladas que descongelo previamente en el microondas durante unos minutos.

A veces añado un par de cucharadas de nueces troceadas o piñones tostados a la tortilla. Queda muy rica.

mi truco

La comida a lo largo de la semana

Como ya sabes, no hay que volverse loco planificando las comidas perfectas para toda la semana. En cambio, sí que es necesaria cierta organización para saber qué comprar para llenar la despensa, qué cocinar y cómo improvisar algo rápido cuando lo necesitemos. Se trata de aprovechar los recursos y, sobre todo, de ser prácticos, porque, como ya hemos hablado, algo que queremos mantener para siempre ha de resultarnos fácil y cómodo.

Algo que queremos mantener para siempre ha de resultarnos fácil y cómodo.

Todo comienza con la compra. Organízate como prefieras: puedes hacer una compra grande semanal o acudir a la tienda varias veces a lo largo de la semana. Yo suelo hacer una compra grande al inicio de la semana y, normalmente, a mitad o final de semana voy a por algunas cosas más. En cualquier caso, ¡nunca vayas a comprar muerto de hambre! Todo te va a resultar tentador y querrás llevarte más cosas y menos sanas de lo que necesitas. La comida basura resulta mucho más atractiva con el estómago vacío. Por tanto, haz la compra cuando no tengas hambre para pensar con claridad.

Ya sabemos que hay que priorizar el consumo de alimentos frescos, pero, hoy en día, tenemos a nuestra disposición alimentos secos, en conserva o congelados que resultan muy prácticos y que son perfectamente adecuados para llevar una buena alimentación.

Te dejo una guía para que veas la cantidad de opciones estupendas que tenemos para llenar la despensa, la nevera y el congelador.

En la despensa

Panes, harinas, cereales, legumbres, frutos secos, frutas desecadas, semillas, hierbas y especias, verduras, pescados y mariscos, salsas y caldos, endulzantes, aceites y vinagres.

PANES, HARINAS Y CEREALES

Si te es posible y solo si te gustan, prioriza los panes y harinas de granos enteros, sin refinar, como harina integral de trigo, harina de espelta, de centeno, de avena o de maíz integral.

También las tortillas de trigo, arroz o maíz integral, salvado de avena o de trigo, levadura nutricional, levadura de cerveza...

De la misma forma, la pasta de trigo, como espaguetis, macarrones o espirales, mejor si es integral, pero si te gusta solo la blanca no hay problema. También puedes elegir pasta de otros cereales como quinua, centeno o trigo sarraceno; de legumbres, como lentejas, guisantes o garbanzos; o fideos de arroz o de soja.

El arroz te recomiendo que lo compres redondo integral, basmati, silvestre o rojo.

Si te gustan, puedes incorporar otros cereales como la avena en grano o en copos, el mijo o la quinua.

LEGUMBRES

Puedes comprarlas secas para prepararlas los días que tengas tiempo o bien en conservas naturales.

Hazte con paquetes y frascos de alubias blancas y pintas, garbanzos, lentejas, frijoles, *azuki*, guisantes, judías *mungo*...

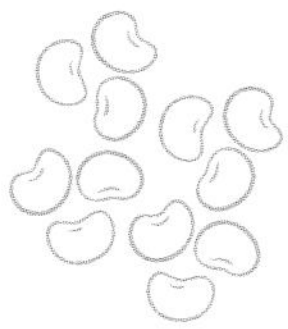

FRUTOS SECOS Y FRUTAS DESECADAS

Son una muy buena opción para comer entre horas o para utilizar en la cocina. Eso sí, evita comprar paquetes llenos de azúcar o con sal excesiva; son mucho mejores los frutos secos al natural, tostados o incluso fritos. Elige los que más te gusten: almendras con o sin piel, anacardos, avellanas, pistachos, cacahuetes, pipas de calabaza o girasol, nueces de Brasil, de California, de macadamia o pacanas, piñones...

También, arándanos secos, ciruelas pasas, dátiles, higos, orejones, uvas pasas, coco rallado o en escamas, mango o piña deshidratados... Comprueba, antes de comprarlos, que no les hayan añadido un montón de azúcar totalmente innecesario.

SEMILLAS, HIERBAS Y ESPECIAS

Todas son estupendas y aportan variedad y diversión a nuestros platos. Además potencian el sabor de los alimentos, lo que nos permite utilizar menos sal y azúcar cuando cocinamos.

Yo suelo tener de todo porque ¡me encantan! Mis especias favoritas son el pimentón dulce y picante, el comino, la canela, la pimienta, el *curry*, la cúrcuma, el jengibre..., pero tengo muchas más.

Las hierbas: orégano, tomillo, romero, albahaca, eneldo, laurel...

Y las semillas: sésamo blanco y negro, amapola, chía, lino..., aunque estas las utilizo solo en platos especiales.

VERDURAS

Hay multitud de conservas que nos ayudan a preparar platos en solo unos minutos. En mi casa hay siempre frascos de judías verdes, cardo, espárragos, alcachofas, tomates enteros, troceados y triturados, menestra, guisantes, maíz, pimientos, remolacha, zanahoria, aceitunas, pepinillos, cebolletas, guindillas... ¡llena tu despensa con tus favoritas!

CONSERVAS DE PESCADOS Y MARISCOS

Aunque es más habitual consumirlos frescos o congelados, tener en la despensa algunas conservas es una muy buena opción para añadir proteínas a algún plato. Yo suelo tener: atún, caballa, mejillones, almejas, berberechos, pulpo, salmón, huevas de bacalao, sardinillas, anchoas...

SALSAS Y CALDOS

Siempre tengo a mano caldo de pollo, de pescado y de verduras y, en ocasiones, de carne y de cocido. Hay muchas marcas que no añaden azúcar ni excesiva sal. Un buen caldo enriquece un guiso o te ayuda a preparar una sopa en un momento.

Respecto a las salsas, siempre tengo una buena salsa de tomate, pisto, mostaza y salsa de soja.

ENDULZANTES

Lo ideal es endulzar solo lo que nos resulte imprescindible, ya que el paladar se acostumbra tanto a lo uno como a lo otro. Dentro de las opciones para endulzar, prefiero elegir lo natural, así que huyo de edulcorantes químicos. Para la repostería utilizo azúcar integral de caña o de coco, panela o miel. En cualquier caso, los dulces deben conformar una parte muy pequeña de nuestra alimentación, por lo que, si un día preparo galletas o un bizcocho con azúcar normal, no tengo ningún problema. Al igual que tampoco me importa el tipo de azúcar que lleva un trozo de pastel que como por ahí o en casa de una amiga.

ACEITES Y VINAGRES

El rey de los aceites es nuestro maravilloso aceite de oliva virgen extra, que utilizo crudo y para cocinar. Cunde mucho más que otros aceites y tiene muchas propiedades.

Respecto a los vinagres, utilizo sobre todo vinagre de manzana, de Jerez y balsámico.

En la nevera y el congelador

Carnes y aves, pescados y mariscos, huevos, lácteos, bebidas vegetales y derivados de la soja, hortalizas y verduras, frutas, hierbas y raíces.

CARNES Y AVES

Hay carnes más saludables que otras; incluso dentro de un mismo tipo, unos cortes son más recomendables que otros. Desde luego, los procesados llenos de aditivos no lo son. Yo suelo comprar pollo, pavo y conejo; solomillo, lomo o carne magra de cerdo; solomillo o carne magra de ternera, y el lomo y el jamón, procurando que sean de calidad.

PESCADOS Y MARISCOS

Compra los que más te gusten, frescos y congelados: bacalao, merluza, pescadillas, lubina, dorada, lenguado, mero, rodaballo, salmón, boquerones, sardinas, almejas, mejillones, berberechos, gambas, langostinos, pulpo, calamares, chipirones, sepia...

HUEVOS, LÁCTEOS, BEBIDAS VEGETALES Y DERIVADOS DE LA SOJA

Siempre compro los huevos cuyo código empiece por los números 0 o 1, porque eso indica que las gallinas han sido criadas al aire libre y alimentadas con productos procedentes de la agricultura ecológica.

En casa tomamos leche de vaca desnatada, semidesnatada y entera, con o sin lactosa. A veces también utilizo bebida de soja, de almendras o de arroz, soja texturizada y tofu.

Los quesos que más consumimos son el queso curado de oveja, el queso de cabra, la *burrata* y la *mozzarella*, el *cottage*, el requesón, el queso feta y el parmesano. Aunque en nuestra nevera siempre hay espacio para cualquier queso.

HORTALIZAS Y VERDURAS

Las verduras y hortalizas son maravillosas y en mi casa ¡entran todas! Las compro frescas y congeladas. Las más habituales son: lechuga, escarola, endivias, canónigos, rúcula y hojas variadas para ensaladas. Ajos, cebollas, puerros, coliflor, col, coles de Bruselas, repollo, brócoli, calabacines, espinacas, pepinos, judías verdes, berenjenas, tomates, zanahorias, pimientos, champiñones, setas, guisantes, calabaza, espárragos, alcachofas, patatas, boniatos...

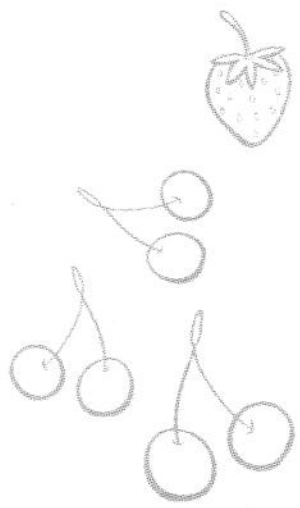

FRUTAS

Al igual que las verduras, todas son estupendas. Las que más consumimos son: arándanos, fresas, cerezas, frambuesas, moras, granadas, manzanas, peras, kiwis, plátanos, uvas, naranjas, pomelos, mandarinas, limones, melón, sandía, piña, mango, papaya, melocotones, nectarinas, ciruelas...

HIERBAS Y RAÍCES

No suelo comprarlas frescas porque me duran poco tiempo. Cuando lo hago, es para una receta concreta, porque tienen mucho más aroma que las secas. Un truco: cuando compres hierbas y te sobre un poco, congélalo y úsalo otro día.

Puntualmente, compro: albahaca, cebollino, cilantro, eneldo, tomillo, romero y perejil y raíz de jengibre fresco.

Organización de la semana

Ahora que ya sabemos cómo llenar la despensa, la nevera y el congelador, vamos a ver la manera de organizar la comida a lo largo de la semana.

Es bueno llevar una alimentación variada, de modo que no falten nunca verduras, frutas y hortalizas en nuestros platos diarios. Puedes completar algunas comidas añadiendo pastas, arroces, legumbres y cereales, y carnes, pescados y huevos.

__Es bueno llevar una alimentación variada, de modo que no falten nunca verduras, frutas y hortalizas en nuestros platos diarios.__ Puedes completar algunas comidas añadiendo pastas, arroces, legumbres y cereales, y carnes, pescados y huevos.

Lo ideal sería organizar un menú semanal pero, sinceramente, a mí me resulta difícil adaptarme a un guion. Hay veces que cocino de más, otras en las que no dispongo de demasiado tiempo, días en los que no me apetece complicarme… Así que te voy a contar cómo lo hago.

- **Todas las semanas preparo una crema de verduras.** Algunas veces compro expresamente las verduras y hortalizas necesarias para la crema que quiero hacer: cebolla, zanahoria y calabacín; puerro y calabaza; cebolla, champiñones y setas; cebolla, zanahoria y tomates... Otras veces, cojo todas las verduras que tengo, las echo en la olla exprés y hago con ellas la crema de la semana. Unas veces queda más rica que otras, pero cuando no sale especialmente bien, utilizo el truco de mi madre, que es infalible y que sirve con cualquier crema de verduras. En una sartén, hago un sofrito de ajos y pimentón, lo añado a la olla con las verduras ya trituradas y lo trituro todo de nuevo. ¡Le da un sabor riquísimo!
- **También suelo cocinar legumbres. Los garbanzos, las alubias y las lentejas habitualmente los preparo estofados con verduras.** Como cocino de más, lo que no comemos el mismo día lo congelo o bien lo transformo en una crema de legumbres para comer un par de días después. Si haces aparte un sofrito de cebolla, o de ajos y pimentón, lo añades a las legumbres que cocinaste y trituras, obtienes una crema de legumbres estupenda y así no repites plato.
- **Las semanas que preparo un guiso de carne también cocino de más y congelo lo que sobra.** Así, a la semana siguiente, lo saco el día que quiero y tengo la comida solucionada.

✓ **Para esos días en los que faltan tiempo o ganas, utilizo mucho los botes de conservas y los congelados.** Aquí te dejo algunas ideas:

- A las conservas de cardo, menestra o judías verdes, les añado un sofrito de ajo y pimentón, muchas veces con trocitos de jamón, y dejo que hierva un poco.
- Con los frascos de legumbres: sofrío ajo, cebolla y pimientos, y le agrego especias como comino o pimentón. Incorporo las legumbres, vierto un poco de caldo o agua y lo rehogo todo junto. A veces, también les añado trocitos de jamón, huevo cocido, unas gambas congeladas o incluso un poco de pollo desmenuzado que tenía en la nevera.
- Con las verduras congeladas hago de todo: a veces, las salteo en un wok con especias; otras, las hago al vapor y las sirvo aliñadas con un buen aceite de oliva virgen extra o con el famoso sofrito de ajo y pimentón; preparo tortillas de todo tipo, revueltos, etc.
- Los frascos de pimientos, encurtidos, maíz, zanahoria, remolacha, aceitunas..., me sirven para completar las ensaladas o para acompañar unos filetes de carne o de pescado.
- Preparar una sopa de pescado fácil y rápida es muy sencillo: yo pongo a dorar un par de dientes de ajo picados en el fondo de una olla, agrego pimentón, remuevo y añado una bolsa de preparado para paella o para sopa congelado, que suele llevar langostinos, almejas, trozos de pescado... Vierto un litro de caldo de pescado y un poco de sal y dejo hervir unos minutos hasta que el pescado esté hecho. ¡Rico, sano y reconfortante!

Con todas las recetas que tienes en el libro, estas ideas y las que vayas inventando tú, estoy segura de que conseguirás comer sano, variado y riquísimo todas las semanas.

¡Lo vas a conseguir!

Menú mensual para ayudarte a comenzar

Si tienes dudas de por dónde empezar o te funciona planificar las comidas de un modo más gráfico, aquí te dejo un plan de comidas que te puede ser de utilidad. Puedes seguirlo al pie de la letra, usarlo solo como guía o, por supuesto, cambiar unos días por otros, repetir las opciones que más te gusten o modificar las que no te apetezcan.

Y te recuerdo que ninguna comida es obligatoria: si no tienes hambre entre horas, no tienes por qué hacer esa comida, si te levantas con el estómago cerrado y a media mañana te apetece comer, pues hazlo así. ¡Adáptalo siempre a tus gustos y a tu forma de vida!

He confeccionado menús para cuatro semanas pero, con todas las recetas del libro, podrías planificar un año entero sin sentir que estás haciendo ninguna dieta (¡porque no la estás haciendo!), sin aburrirte y disfrutando cada día de sentarte a la mesa.

En mis redes sociales (búscame como *@isasaweis* en Instagram, Facebook, YouTube y Twitter) compartiremos muchas más recetas y nos apoyaremos cada día. Verás que en poco tiempo le habrás cogido el tranquillo, improvisarás tus comidas y lo harás de forma sana y equilibrada sin que te suponga ningún esfuerzo.

Semana 1

Puedes cambiar unos platos por otros y confeccionar nuevos menús con las recetas del libro.

	Lunes	Martes	Miércoles	Jueves	Viernes	Sábado	Domingo
DESAYUNO	CAFÉ CON LECHE + TOSTADA CON JAMÓN Y TOMATE	*PORRIDGE* (COPOS DE AVENA CON LECHE) + FRESAS	CAFÉ CON LECHE + TOSTADA CON QUESO Y MANGO	PLÁTANO + YOGUR + ALMENDRAS	CAFÉ CON LECHE + BOL DE FRUTA VARIADA	CAFÉ CON LECHE + BIZCOCHO CASERO	CAFÉ CON LECHE + TOSTADA CON AGUACATE Y HUEVO
COMIDA	LENTEJAS ESTOFADAS CON MAJADO	POLLO ASADO + PATATAS	ALBÓNDIGAS DE BACALAO + CHAMPIÑONES AL AJILLO	GUISANTES CON JAMÓN Y HUEVO	TERNERA AL *CURRY* + ARROZ	POLLO A LA LECHE + ENSALADA	PREPARA UNA RECETA DE LA ABUELA
CENA	ENSALADA DE NARANJAS CON BACALAO	CREMA DE BACALAO	PASTEL DE BERENJENAS CON JAMÓN Y QUESO	CALABAPIZZA	ENSALADA CAMPERA	¡DATE UN GUSTAZO!	CREMA DE VERDURAS CON CALDO
ENTRE HORAS	MELÓN	PLÁTANO	SANDÍA	TOSTADA CON SALMÓN AHUMADO	TOSTADA CON QUESO	YOGUR + SANDÍA	LA HORA DEL VERMÚ

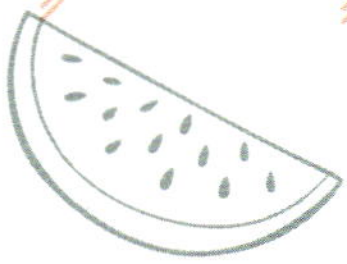

Semana 2

Te propongo variedad de desayunos y entre horas, pero puedes repetir los que más te gusten.

	Lunes	Martes	Miércoles	Jueves	Viernes	Sábado	Domingo
DESAYUNO	*PORRIDGE* (COPOS DE AVENA CON LECHE) + FRESAS	CAFÉ CON LECHE + TOSTADA CON TOMATE Y JAMÓN	MELÓN + YOGUR + AVELLANAS	CAFÉ CON LECHE + BOL DE FRUTA VARIADA	CAFÉ CON LECHE + TOSTADA CON QUESO Y UVAS	CAFÉ CON LECHE + TOSTADA CON AGUACATE Y SALMÓN	CAFÉ CON LECHE + ROSQUILLAS CASERAS
COMIDA	COSTILLAS GUISADAS + ENSALADA	ALUBIAS CON ALMEJAS	BACALAO AL AJOARRIERO CON HUEVOS + ENSALADA	LENTEJAS AL *CURRY* + CHAMPIÑONES AL AJILLO	PORRUSALDA CON BACALAO	PECHUGAS A LA SAL + PIMIENTOS MORRONES ALIÑADOS	DISFRUTA DE UNA COMIDA FAMILIAR
CENA	SOPA DE PESCADO EXPRÉS	PISTO CON HUEVOS	CREMA DE GUISANTES CON JAMÓN	CALABAPIZZA	SOPA DE POLLO Y MAÍZ	PREPARA TU PLATO FAVORITO	SALMOREJO CON HUEVO Y JAMÓN
ENTRE HORAS	PLÁTANO	FRESAS	TOSTADA CON JAMÓN	TOSTADA CON QUESO	YOGUR	ENSALADILLA RUSA	CAFÉ CON AMIGOS

Semana 3

Cambia verduras o frutas a tu gusto y si alguna no te gusta, quítala.

	Lunes	Martes	Miércoles	Jueves	Viernes	Sábado	Domingo
DESAYUNO	CAFÉ CON LECHE + TOSTADA CON QUESO Y PERA	PERA + YOGUR + NUECES	CAFÉ CON LECHE + TOSTADA CON TOMATE Y JAMÓN	CAFÉ CON LECHE + BOL DE FRUTA VARIADA	*PORRIDGE* (COPOS DE AVENA CON LECHE) + MELOCOTÓN	CAFÉ CON LECHE + TOSTADA CON MERMELADA	CAFÉ CON LECHE + TOSTADA CON AGUACATE Y HUEVO
COMIDA	POLLO GUISADO CON PATATINAS	PASTEL DE BERENJENAS CON CARNE PICADA	GARBANZOS ESTOFADOS CON VERDURAS	CALAMARES EN SU TINTA CON ARROZ	GUISO DE SALMÓN CON PATATAS	¡DATE UN GUSTAZO!	BONITO EN SALSA DE TOMATE + ENSALADA
CENA	MENESTRA DE VERDURAS	CREMA DE GUISANTES CON JAMÓN	CALABAPIZZA	SOPA DE POLLO Y MAÍZ	SALMOREJO CON HUEVO Y JAMÓN	VERDURAS EN ESCABECHE	PREPARA UNA RECETA DE LA ABUELA
ENTRE HORAS	YOGUR	TOSTADA CON SALMÓN AHUMADO	PLÁTANO	TOSTADA CON QUESO	CEREZAS	LA HORA DEL VERMÚ	CAFÉ CON TOSTADA

Semana 4

No te quedes nunca con hambre, ¡sírvete más verduras!

	Lunes	Martes	Miércoles	Jueves	Viernes	Sábado	Domingo
DESAYUNO	CAFÉ CON LECHE + BOL DE FRUTA VARIADA	CAFÉ CON LECHE + TOSTADA CON QUESO Y PERA	*PORRIDGE* (COPOS DE AVENA CON LECHE) + MANZANA	CAFÉ CON LECHE + TOSTADA CON JAMÓN Y TOMATE	ARÁNDANOS + YOGUR + ALMENDRAS	CAFÉ CON LECHE + TOSTADA CON AGUACATE Y SALMÓN	CAFÉ CON LECHE + BIZCOCHO CASERO
COMIDA	GARBANZOS CON ESPINACAS Y BACALAO	CARRILLERAS AL VINO TINTO + PARRILLADA DE VERDURAS	GUISANTES CON JAMÓN Y HUEVO	ALBÓNDIGAS EN SALSA DE CEBOLLA + GAJOS DE PATATA CRUJIENTES	LENGUADOS A LA MOLINERA + ESPINACAS GRATINADAS CON QUESO DE CABRA	ENSALADA DE CUSCÚS CON SALMÓN Y BACALAO AHUMADOS	DISFRUTA DE UNAS TAPAS CON AMIGOS
CENA	CARDO CON ALMENDRAS Y JAMÓN	SALMOREJO CON HUEVO Y JAMÓN	CREMA DE BACALAO	CALABAPIZZA	PASTEL DE PESCADO Y GAMBAS AL HORNO	COMIDA EN TU RESTAURANTE FAVORITO	CREMA DE CALABAZA, PUERRO Y GAMBAS
ENTRE HORAS	TOSTADA CON QUESO	YOGUR	NARANJA	PLÁTANO	TOSTADA CON JAMÓN	LA HORA DEL VERMÚ	CAFÉ CON AMIGOS

Mi plan exprés para después de los excesos

De acuerdo, todo controlado. Pasamos los días, las semanas y los meses haciendo deporte habitualmente, comiendo en casa la comida que preparamos a diario, disfrutando los fines de semana de comidas y cenas con familia y amigos, y vamos perdiendo el peso que nos sobra y estando cada día más fuertes, más sanos y más felices. Peeero ¡llegan las fiestas navideñas!, o ¡nos vamos quince días de vacaciones! o se nos junta un mes de cumpleaños, bodas y fiestas de guardar... Y, casi sin darnos cuenta, nos ponemos con unos kilos de más. Pero, ojo, porque esos kilos no son solamente por aumento de grasa. Pueden ser parte de grasa, efectivamente, pero también por retención de líquidos, por pérdida de parte de la masa muscular...

Después de un tiempo de excesos no nos vemos ni nos sentimos tan bien como unos días antes. ***¡No pasa nada! Para estos casos, ¡tengo un plan de emergencia!***

En resumidas cuentas, después de varios días seguidos de excesos, ni nos vemos ni nos sentimos tan bien como unos días antes. ¡No pasa nada! Para estos casos, ¡tengo un plan de emergencia!

Lo primero que quiero que sepas es que hay una regla maravillosa que se cumple cuando ya estás en el buen camino y ya tienes integrados en tu vida los hábitos saludables de los que hemos estado hablando en todo el libro: los kilos que se cogen muy rápido, ¡también se van muy rápido!

Los kilos que se cogen muy rápido, ¡también se van muy rápido!

Dicho esto, es verdad que resulta incómodo verse en pocos días con más peso, sentir que te aprieta la ropa, no notar la fuerza y la vitalidad que se tenían días antes... Así que te voy a contar lo que yo hago solo en estos casos especiales.

Recalco esto, porque en absoluto es algo para hacer habitualmente. Nuestra alimentación ha de proporcionarnos suficientes nutrientes y suministrarnos la energía necesaria para que el cuerpo tenga el combustible que necesita. Y, tan importante o más, ha de ser tal, que podamos mantenerla sin sacrificios y pudiendo llevar una vida sociable, plena y feliz. Con todo claro, te cuento.

Mi plan de emergencia salió de varias conversaciones que tuve con dos nutricionistas diferentes que coincidían en lo mismo: cuando cometemos muchos excesos, el cuerpo generalmente acumula muchas toxinas y líquidos. Una forma magnífica de «deshinchar» es privar al cuerpo de grasas, azúcares y proteínas durante un breve periodo de tiempo. Esto se traduce en alimentarnos durante unos días a base de verduras, frutas y también algo de cereales que nos proporcionen suficiente energía.

De 3 a 7 días sin proteínas para deshinchar, después de un viaje, de vacaciones, de Navidad... Para reiniciar y retomar buenos hábitos.

Una de mis amigas nutricionistas incidía en tomar la fruta cocida o al horno, no cruda. La otra no incluía cereales en la dieta y recomendaba ingerir tan solo fruta y verdura, en cantidades medidas. Yo, confirmando lo que tanto he repetido a lo largo del libro, lo adapté a mis gustos y modo de vida.

Como guía, puedo decirte que, de verduras, como siempre la cantidad que necesito para no quedarme con hambre, y el café, digan lo que digan, yo lo sigo tomando con un poco de leche. Eso sí, los cereales, como el pan, la pasta o el arroz, durante esos días los tomo en pequeñas cantidades, solo un puñado.

Además, aunque ambas amigas coincidían en realizar esta cura durante 10 o 12 días, yo no la hago nunca tanto tiempo. Tan solo la hago de 3 a 5 días, y os aseguro que el resultado es fantástico.

En resumen, cuando he cogido peso muy rápido por unas vacaciones o muchas fiestas seguidas, una vez finalizadas, y volviendo a mi vida habitual, hago lo siguiente durante 3, 4 o 5 días como máximo:

Mi plan exprés para después de los excesos

	Lunes	Martes	Miércoles	Jueves	Viernes	Sábado	Domingo
DESAYUNO	CAFÉ CON LECHE + FRUTA	CAFÉ CON LECHE + FRUTA	CAFÉ CON LECHE + FRUTA	CAFÉ CON LECHE + FRUTA	CAFÉ CON LECHE + FRUTA	CONTINUO CON MI ALIMENTACIÓN DE SIEMPRE Y... ¡AQUÍ NO HA PASADO NADA!	
COMIDA	VERDURA + CEREAL (PAN, PASTA O ARROZ)	VERDURA + CEREAL (PAN, PASTA O ARROZ)	VERDURA + CEREAL (PAN, PASTA O ARROZ)	VERDURA + CEREAL (PAN, PASTA O ARROZ)	VERDURA + CEREAL (PAN, PASTA O ARROZ)		
CENA	VERDURA	VERDURA	VERDURA	VERDURA	VERDURA		
ENTRE HORAS	FRUTA	FRUTA	FRUTA	FRUTA	FRUTA		

¡Únete a la re-evolución de los piñones-pibones!

Como bien sabéis los que ya me conocéis, a mis seguidores en las redes sociales os llamo, muy cariñosamente, «piñones». Para los que os estáis uniendo ahora a nosotros, y por si hay algún piñón despistado, voy a recordaros de dónde viene esto.

Hace años, una buena amiga con la que me envío mensajes de buenos días por WhatsApp me dijo un día: «¡¡¡Buenos días, piñón!!! ¡Venga, vamos a tope!». A lo que yo contesté: «¿Qué piñón ni qué piñón? ¿Pero qué dices?». Y me dijo: «Ay, es que quiero ponerte "pibón" y el corrector me pone "piñón"». Nos echamos unas risas y, unos días después, conté esta historia en mis redes sociales. Al hacerlo, en seguida empezaron los comentarios: «Pues yo soy un piñón que te sigue desde no sé dónde», «y yo otro piñón que llevo diez años contigo»... Y así, sin pretenderlo, fueron las mismas personas que me siguen las que comenzaron a autodenominarse «piñones».

A partir de ahí, le fuimos dando forma al tema: que si los piñones son muy resistentes, que si están muy ricos y llenos de buenas propiedades... y además, ¡juntos forman una magnífica piña! Nos encantó la idea y nos la quedamos, así que, desde hace muchos años ya, si me sigues en las redes sociales eres un piñón, y yo, un piñón más superorgulloso de ¡la maravillosa piña que formamos!

Cuando mis seguidores empezaron a darse cuenta de mi cambio físico, comenzaron a pedirme que compartiera con ellos mi alimentación y rutinas de ejercicios. Pensé que podía grabar unos vídeos para contarlo, pero entonces me di cuenta de que no era eso lo que quería hacer. No quería limitarme a contar en un vídeo lo que como habitualmente o el deporte que hago y dejar que se apañaran con eso. No. Quería ayudar realmente a todas esas personas que están cansadas de dietas, que sienten que lo han intentado todo, que tantas veces se han visto metidas en esa espiral que yo también viví y que hace que termines tirando la toalla.

Por eso pensé en hacer algo más. Sí, contaría todo lo que pudiera en unos vídeos que publicaría en mis redes sociales, pero también haría algo para servirles de apoyo, de guía, para darles ánimos y estar ahí para que nadie se sintiera solo y perdido, y que tuviera un apoyo siempre que lo necesitara. Y así fue como nació la...

¡re-evolución de los piñones-pibones!

Un nombre para un movimiento maravilloso, que significa piñones que se sienten pibones, que han evolucionado y que han montado una auténtica revolución (sí, me vine muy arriba con el juego de palabras... jaja).

Si estás en mis redes sociales, seguro que ya estás al corriente de lo que allí estamos haciendo y, si todavía no me sigues, búscame en Instagram, Facebook, YouTube y Twitter como *@isasaweis* y únete a nuestra magnífica comunidad para compartir recetas, menús, seguir los directos y charlar conmigo y con el resto de los piñones porque, desde hoy mismo, tú ¡ya eres un piñón más!

¡Os quiero, piñones-pibones! Entre todos estamos haciendo algo muy bonito...

¡Nos vemos en las redes!

Encuentra una receta

POR ORDEN ALFABÉTICO

POR INGREDIENTES